Christian Neuhäuser

Amartya Sen zur Einführung

JUNIUS

Wissenschaftlicher Beirat
Michael Hagner, Zürich
Ina Kerner
Dieter Thomä, St. Gallen

Junius Verlag GmbH
Stresemannstraße 375
22761 Hamburg
www.junius-verlag.de

Umschlaggestaltung: Florian Zietz
Titelbild: akg-images
Satz: Junius Verlag GmbH
Printed in the EU 2013
ISBN 978-3-88506-076-5

Bibliografische Information der Deutschen Nationalbibliothek
Die Deutsche Nationalbibliothek verzeichnet diese Publikation in der
Deutschen Nationalbibliografie; detaillierte bibliografische Daten
sind im Internet über <http://dnb.d-nb.de> abrufbar

Zur Einführung ...

... hat diese Taschenbuchreihe seit ihrer Gründung 1977 gedient. Zunächst als sozialistische Initiative gestartet, die philosophisches Wissen allgemein zugänglich machen und so den Marsch durch die Institutionen theoretisch ausrüsten sollte, wurden die Bände in den achtziger Jahren zu einem verlässlichen Leitfaden durch das Labyrinth der neuen Unübersichtlichkeit. Mit der Kombination von Wissensvermittlung und kritischer Analyse haben die Junius-Bände stilbildend gewirkt.

Seit den neunziger Jahren reformierten sich Teile der Geisteswissenschaften als Kulturwissenschaften und brachten neue Fächer und Schwerpunkte wie Medienwissenschaften, Wissenschaftsgeschichte oder Bildwissenschaften hervor. Auch im Verhältnis zu den Naturwissenschaften sahen sich die traditionellen Kernfächer der Geisteswissenschaften neuen Herausforderungen ausgesetzt. Diesen Veränderungen trug eine Neuausrichtung der Junius-Reihe Rechnung, die seit 2003 von der verstorbenen Cornelia Vismann und zwei der Unterzeichnenden (M.H. und D.T.) verantwortet wurde.

Ein Jahrzehnt später erweisen sich die Kulturwissenschaften eher als notwendige Erweiterung denn als Neubegründung der Geisteswissenschaften. In den Fokus sind neue, nicht zuletzt politik- und sozialwissenschaftliche Fragen gerückt, die sich produktiv mit den geistes- und kulturwissenschaftlichen Problemstellungen vermengt haben. So scheint eine erneute Inventur der Reihe sinnvoll, deren Aufgabe unverändert darin besteht, kompetent und anschaulich zu vermitteln, was kritisches Denken und Forschen jenseits naturwissenschaftlicher Zugänge heute zu leisten vermag.

Zur Einführung ist für Leute geschrieben, denen daran gelegen ist, sich über bekannte und manchmal weniger bekannte Autor(inn)en und Themen zu orientieren. Sie wollen klassische Fragen in neuem Licht und neue Forschungsfelder in gültiger Form dargestellt sehen.

Zur Einführung ist von Leuten geschrieben, die nicht nur einen souveränen Überblick geben, sondern ihren eigenen Standpunkt markieren. Vermittlung heißt nicht Verwässerung, Repräsentativität nicht Vollständigkeit. Die Autorinnen und Autoren der Reihe haben eine eigene Perspektive auf ihren Gegenstand, und ihre Handschrift ist in den einzelnen Bänden deutlich erkennbar.

Zur Einführung ist in der Hinsicht traditionell, dass es den Stärken des gedruckten Buchs – die Darstellung baut auf Übersichtlichkeit, Sorgfalt und reflexive Distanz, das Medium auf Handhabbarkeit und Haltbarkeit – auch in Zeiten liquider Netzpublikationen vertraut.

Zur Einführung bleibt seinem ursprünglichen Konzept treu, indem es die Zirkulation von Ideen, Erkenntnissen und Wissen befördert.

Michael Hagner
Ina Kerner
Dieter Thomä

Inhalt

Einleitung

Amartya Sen gehört ganz ohne Zweifel zu den wichtigsten Intellektuellen unserer Zeit.[1] Dies kommt nicht nur durch den Nobelpreis für Ökonomie zum Ausdruck, der ihm 1998 verliehen wurde, sondern auch in den mittlerweile über neunzig Ehrendoktorwürden, die er erhalten hat. Seine intellektuelle Bedeutung geht darauf zurück, dass Sen zugleich und vollumfänglich Ökonom und Philosoph ist. Er hat es stets verstanden, diese Forschungsgebiete für seine Zwecke auf fruchtbare Weise miteinander zu verbinden. Dies hat zu wesentlichen Beiträgen in der mathematischen Sozialwahltheorie, der Grundlagenökonomie, der Entwicklungs- und Wohlfahrtsökonomie, aber auch in der Moralphilosophie, der Gerechtigkeitstheorie und der politischen Philosophie ganz allgemein geführt, um nur seine wesentlichen Betätigungsfelder zu nennen.

Hinzu kommt, dass Sen immer wieder eine spezifisch indische Perspektive auf seine Fragestellung einnimmt. Er ist in Indien aufgewachsen, er hat dort studiert und auch als Professor gearbeitet. Später hat er die meiste Zeit seiner wissenschaftlichen Laufbahn an britischen und amerikanischen Eliteuniversitäten verbracht. Seine indische Staatsbürgerschaft hat er jedoch stets exklusiv behalten und sich in besonderem Maße für die Entwicklungen in Indien interessiert. Er nimmt dort auch intensiv an der öffentlichen Debatte teil. Dieser Verweis auf seine indische Perspektive sollte jedoch nicht missverstanden werden. Er betrifft sein Er-

9

kenntnisinteresse und nicht den Begründungszusammenhang. Die allgemeingültige Begründungsqualität seiner wissenschaftlichen und philosophischen Arbeiten steht außer Zweifel. Wissenschaftliche Qualität wird derzeit gern in der Anzahl der in Journals mit dem höchsten Ranking publizierten Artikel gemessen. Das findet Sen wahrscheinlich etwas kurzsichtig, dennoch hat er über hundert von solchen Artikeln, so viele wie sonst wohl niemand, veröffentlicht.

Das Erkenntnisinteresse von Sen ist durch seinen von Indien ausgehenden und über England in die USA führenden Lebensweg geprägt. Geboren wurde Sen im Jahre 1933 im westindischen Santiniketan. Seine Familie lebte jedoch in Dhaka, damals noch indisch und heute Hauptstadt von Bangladesch. Sein Vater war an der dortigen Universität Professor für Chemie, was Sen dazu veranlasste, seine Autobiografie für den Nobelpreis mit den Worten zu beginnen: »Ich wurde auf einem Universitätscampus geboren und scheine mein ganzes Leben auf dem einen oder anderen Campus verbracht zu haben.«[2] In Santiniketan ist er in die berühmte Schule von Rabindranath Thakur gegangen, was großen Einfluss auf seine im kosmopolitischen Sinne humanistische Bildung hatte, weil Tagore es in seiner Schule verstand, so genanntes »westliches und östliches« Denken als Ausdruck kultureller Diversität leicht miteinander zu verbinden.[3]

Nach der Schule hat Sen von 1951 bis 1953 in Kalkutta zunächst einen B.A. in Ökonomie und Mathematik erworben und sich viel mit politischen Fragen beschäftigt. Dann ging er 1953 nach Cambridge ans Trinity College, um in dem dortigen intellektuell kompetitiven Klima, wie er befand, einen B.A. in Ökonomie zu machen und im Anschluss zu promovieren. Noch während der Promotionszeit kehrte er nach Kalkutta zurück und erhielt im Alter von 23 Jahren eine Professur für Ökonomie, was einiges Aufsehen erregte. Sogar Karikaturen mit dem »Babyprofessor« waren in Umlauf, wie Sen selbst berichtet. Er entschied sich dann jedoch, ein Stipendium des Trinity Colleges anzunehmen, um sich einige Jahre lang von 1957 bis 1963 vor allem philosophischen Studien hinzugeben. Danach begann für Sen ein akademisches Nomadenleben, das ihn an ganz verschiedene Stationen in Indien und Großbritannien führen sollte, die Delhi Universität (1963–1971), die London School of Economics (1971–1977) und die Oxford Universität (1977–1988).

Zwischendurch hatte Sen einige Gastaufenthalte in den USA, unter anderem am MIT, in Stanford und Berkeley. Auch in Harvard unterrichtete er bereits von 1968 bis 1969. Aus dieser Zeit berichtet er:

»Die meiste Arbeit an ›Collective Choice and Social Welfare‹ leistete ich in Delhi, aber wesentlich zum letzten Feinschliff beigetragen hat ein Kurs in ›Sozialer Gerechtigkeit‹, den ich gemeinsam mit Kenneth Arrow und John Rawls in Harvard unterrichtet habe. Beide haben mir auf wunderbare Weise mit ihren Einschätzungen und Hinweisen geholfen. Das gemeinsame Seminar war in der Tat ein ziemlicher Erfolg, sowohl darin, viele wichtige Themen zu diskutieren, als auch darin, einen beachtenswerten Kreis an (den Kurs als ›Begutachter‹ besuchenden) Teilnehmern aus der Gruppe etablierter Ökonomen und Philosophen der Harvard-Region einzubeziehen. (Der Kurs war auch außerhalb des Campus sehr bekannt: Von einem Sitznachbarn auf einem Flug nach San Francisco wurde ich gefragt, ob ich als Lehrer in Harvard von einem ›offensichtlich interessanten‹ Seminar gehört habe, das unterrichtet wurde von ›Kenneth Arrow, John Rawls und irgend so einem unbekannten Typen‹.)«

Später, im Jahre 1987, wechselte Sen permanent an die Harvard Universität, wo er seitdem Professor für Ökonomie und Philosophie und Senior Fellow an der Harvard Society of Fellows ist. Zwischendurch war er von 1998 bis 2003 noch Master am Trinity College in Cambridge. Das alles klingt nach einer glänzenden akademischen Karriere, die ein wenig an die Superlative der Universalgenies der Neuzeit erinnert. Doch zugleich war das Leben von Sen nie frei von persönlichen Schicksalsschlägen. Bereits im Alter von 18 Jahren war er an Mundkrebs erkrankt und mit der existenziellen Angst konfrontiert, vielleicht in so jungen Jahren sterben zu müssen. Er selbst schreibt über den Krebs:

»[...] er wurde mit einer heftigen Dosis Radioaktivität in einem eher einfachen Krankenhaus in Kalkutta behandelt. Das geschah nur sieben Jahre nach Hiroshima und Nagasaki und die Langzeiteffekte von Radioaktivität waren nicht gut untersucht. Die Dosis an Radioaktivität, die ich erhalten habe, mag den Krebs geheilt haben, aber es hat auch die Knochen in meinem harten Gaumen abgetötet. 1971 sah es so aus, als kehrte entweder der Krebs zurück oder ich hatte einen schweren Fall von Knochennekrose.«

Es war zum Glück kein Krebs, und die Knochennekrose konnte behandelt werden.

Doch das hat den Krebs aus seiner Lebensgeschichte nicht für lange Zeit verbannt. Seine zweite Frau, Eva Colorni, mit der er seit 1973 zusammenlebte, starb im Jahre 1985 an Krebs. Sen hatte bereits mit seiner ersten Frau, der Literaturprofessorin und Poetin Nabaneeta Dev Sen, von der er seit 1971 getrennt lebte, zwei Töchter, die bei der Mutter lebten. Mit Eva Colorni hat er ebenfalls zwei Kinder, die zum Zeitpunkt des Todes ihrer Mutter zehn und acht Jahre alt waren. Sen wurde zum alleinerziehenden Vater. Er schreibt über diese Situation und seine Kinder:

»[...] ich wollte sie in ein anderes Land bringen, wo sie nicht ständig ihre Mutter vermissen. Die Lebendigkeit Amerikas sprach uns als Alternative an und ich nahm die Kinder mit, um die Aussichten an den amerikanischen Universitäten, die mir ein Angebot gemacht hatten, zu ›testen‹.

Indrani und Kabir lernten schnell verschiedene Campus kennen (Stanford, Berkeley, Yale, Princeton, Harvard, UCLA, University of Texas in Austin, zum Beispiel), auch wenn ihre Kenntnisse von Amerika jenseits der universitären Welt eher beschränkt blieben. (Sie genossen es besonders, ihren Großonkel und ihre Großtante Albert und Sarah Hirschman am Institute for Advanced Study in Princeton und dort Trustee des Instituts zu besuchen; die Besuche in Princeton waren auch für mich sehr freudige Ereignisse.) Ich schätze, ich habe den Kindern zu einem gewissen Grad meine Präferenz für die akademische Atmosphäre aufgezwungen, indem ich die Auswahl auf Universitäten beschränkt habe, aber ich wusste wirklich nicht, was ich sonst hätte tun können [...]

Wir haben gemeinsam Harvard ausgesucht und es hat hervorragend geklappt.«

Trotz oder vielleicht auch gerade wegen dieser Hindernisse ist die wissenschaftliche Energie und Arbeit von Sen stets ungebrochen geblieben. Er hat in seiner über sechzigjährigen akademischen Karriere etwa dreißig Bücher verfasst oder herausgegeben und über 500 wissenschaftliche Artikel veröffentlicht, fraglos ein gewaltiges Werk. Einen guten Eindruck von der Breite seiner wissenschaftlichen Arbeit verschafft die Einteilung seiner Aufsätze in zwanzig Themenbereiche, wie Sen selbst sie vorgenommen hat:[4]

1. Sozialwahltheorie
2. Wohlfahrtsökonomik
3. Ökonomische Messmethoden
4. Axiomatische Entscheidungstheorie
5. Rationalität und ökonomisches Verhalten
6. Ökonomische Methodik
7. Nahrung, Hungersnöte und Hunger
8. Gender, Familie und feministische Ökonomik
9. Kapital, Wachstum und Verteilung

Die vorliegende Einführung in das vielseitige Denken von Amartya Sen muss notgedrungen eine disziplinäre Perspektive einnehmen, die derjenigen von Sen selbst wegen seiner singulär kompetenten Verknüpfung von Ökonomie und Philosophie nicht vollständig entsprechen kann. Die hier gewählte Perspektive ist die philosophische. Seine Leistungen im Bereich der ökonomischen Theorie kommen zwar auch zur Geltung, allerdings stärker mit Blick auf ihre allgemeine und weniger auf ihre rein intern wirtschaftswissenschaftliche Bedeutung.[5] Die Einführung richtet sich an ein breit interessiertes und interdisziplinäres Publikum. Es soll deutlich werden, dass und inwiefern die Arbeiten von Sen eine Relevanz besitzen, die Disziplingrenzen leichtfüßig überschreitet. Das ist es letztlich auch, was die ungebrochene Bedeutung von Sen ausmacht, denn inzwischen wird immer deutlicher, dass das Denken in Disziplingrenzen wesentlich zum Scheitern vor Herausforderungen wie der Weltarmut, dem Klimawandel und einer gerecht gestalteten Globalisierung beiträgt.

Eine Einführung ist immer auch eine Engführung. Umso wichtiger ist es, einen Aspekt im Werk des einzuführenden Denkers zu identifizieren, der solch eine Engführung systematisiert und rechtfertigt. Im Falle von Sen ist das seine Idee der Freiheit. Sen ist ein Theoretiker der Freiheit, der einen ganz anderen bzw. viel weiteren Freiheitsbegriff vertritt, als es im neoliberalen Denken des ökonomischen Mainstream üblich ist. Ihm geht es nicht nur um eine ökonomische Freiheit von staatlichen Zwängen, sondern ihm geht es um die Freiheit jedes einzelnen Menschen, ein selbstbestimmtes Leben führen zu können und Autor des eigenen Lebensweges zu sein. Dieses Grundmotiv strukturiert diese Einführung, denn es durchzieht das gesamte Werk von Sen.

Im ersten Kapitel *Rationalität und Freiheit* werden Sens Arbeiten und Ergebnisse zur Grundlagenökonomie und insbesondere zur Sozialwahltheorie dargestellt. Dabei stehen drei Themen im Mittelpunkt: Erstens werden Sens Kritik am engen ökonomischen Rationalitätsbegriff und seine Vorschläge zu dessen Überwindung dargestellt. Zweitens wird herausgearbeitet, warum dies Sen zu einer viel dichteren Zusammenführung von ökonomischer Theorie und Philosophie führt, als es gemeinhin üblich ist. Drittens zeigt sich, wie die Befreiung des Rationalitätsbegriffs aus dem engen Verständnis des *homo oeconomicus* Sen zu einer neuen Perspektive auf die menschliche Freiheit führt.

Das zweite Kapitel *Entwicklung und Freiheit* hat Sens wohlfahrts- und entwicklungsökonomische Arbeiten zum Gegenstand sowie natürlich den berühmten Fähigkeitenansatz. Erstens wird die Kritik von Sen an alternativen Ansätzen herausgearbeitet. Dann soll der Fähigkeitenansatz in der von Sen verteidigten Variante eingeführt werden. Schließlich wird an den beiden Themen Hungersnöte und Benachteiligung von Frauen, die Sen selbst sehr beschäftigen, deutlich gemacht, wie im Fähigkeitenansatz eine normative Perspektive und empirische Forschung miteinander verbunden sind. In diesem Kapitel wird herausgearbeitet, was Sen unter ökonomischer Freiheit versteht.

Im dritten Kapitel *Gerechtigkeit und Freiheit* werden die gerechtigkeitstheoretischen Überlegungen von Sen vorgestellt. Er orientiert sich in seinen Überlegungen an John Rawls, dem er seinen eigenen Worten nach sehr viel zu verdanken hat, und grenzt sich in drei grundlegenden Aspekten von Rawls ab. Erstens geht es ihm nicht um eine Theorie eines idealen Gerechtigkeitszustandes, sondern um eine nicht-ideale Theorie, nämlich einen Beitrag zu konkreten Verbesserungen von bestehenden Ungerechtigkeiten. Zweitens glaubt er, dass Gerechtigkeit nicht nur eine Tugend der gesellschaftlichen Grundinstitutionen ist, sondern eine Tugend für das Handeln aller Akteure, die sämtlich einen Beitrag leisten können und sollten. Drittens stellen sich Gerechtigkeitsfragen nicht nur in einzelnen Staaten, sondern global, weil sie an zufälligen Grenzen nicht haltmachen. Schließlich muss auch die große Bedeutung der Demokratie für Sen betont werden, weil seiner Meinung nach über substanzielle Gerechtigkeitsfragen nur demokratisch entschieden werden kann.

Im vierten Kapitel *Identität und Freiheit* geht es um Fragen der kulturellen, ethnischen und religiösen Identität. Gegen kommunitaristische und kulturalistische Positionen, die die Welt in verschiedene identitätsbasierte Kulturkreise einteilen, argumentiert Sen, dass Menschen immer viele verschiedene Identitäten haben und sich frei zu ihnen verhalten können. Manche Identitäten werden Menschen mitgegeben, aber sie können sie bejahen oder ablehnen, manche Identitäten abstreifen und neue Identitäten hinzugewinnen. Vor dem Hintergrund dieser liberalen Identitätstheorie lassen sich auch seine Arbeiten zur soziokulturellen Lage in Indien nachvollziehen, und es wird verständlich, warum er für einen liberalen Multikulturalismus der kulturellen Vermischung und nicht bloß der friedlichen Koexistenz plädiert.

Diese Einführung verfolgt eine systematische Einteilung des Werks von Sen in grundlagenökonomische, entwicklungsökonomische, gerechtigkeitstheoretische und identitätstheoretische Arbeiten. Zugleich soll dies auch zumindest ein Stück weit die zeitliche Entwicklung seines Werks wiedergeben. Das vielfältige theoretische Denken Sens passt natürlich in keine historischen oder systematischen Schubladen, so dass immer wieder Querverweise nötig sind, die aber knapp gehalten werden. Außerdem werden manche Fragen nur in bestimmten Kontexten ausführlich diskutiert, obwohl sie auch in anderen eine Rolle spielen, beispielsweise wird Demokratie im Kontext der Gerechtigkeitstheorie ausführlich besprochen, obwohl sie auch für die Entwicklungstheorie von großer Bedeutung ist, in diesem Kontext aber nur kurz angerissen.

Es ist noch ein Kommentar zu den Begrifflichkeiten im Kontext des Fähigkeitenansatzes vorauszuschicken. Für das englische »capability« wird im Deutschen üblicherweise entweder »Fähigkeit«, »Befähigung« oder »Verwirklichungschance« verwendet. Statt von »Fähigkeitenansatz« ist daher manchmal auch von »Befähigungsansatz« die Rede, von »Verwirklichungschancenansatz« wird jedoch kaum gesprochen. Für »functioning« wird üblicherweise »Funktionsweise« verwendet und nur selten »Verwirklichung«. Ich habe mich hier für dem Original möglichst nahe Übersetzungen, also für »Fähigkeit« und »Funktionsweise«, entschieden. Der Grund dafür ist einfach, dass die anderen Übersetzungen auch nicht besser wiedergeben, was mit »capability« und »functioning« gemeint ist. Man muss sich schon mit der Theorie des Fähigkeitenansatzes von Sen auseinandersetzen, um das zu verstehen, und wenn man das getan hat, ist bei allen Übersetzungen klar, was sie meinen. Die Einführung in den Fähigkeitenansatz erfolgt in Kapitel 2.2.

Ich danke für hilfreiche Hinweise zu dieser Einführung Robin Celikates, Valentin Beck, Simon Derpmann, Anna Goppel, Lisa Herzog, Sabine Hohl, Marc Hübscher, Fabian Koberling, Jonathan Menge und Dieter Thomä. Besonders danke ich Daniel Cabalzar und Gabriela Fischer nicht nur für hilfreiche Hinweise, sondern auch für ihre redaktionelle Arbeit. Dank gebührt auch Steffen Herrmann für seine Arbeit an diesem Band als Teil seiner für die deutschsprachige Theoriearbeit so wichtigen Einführungsreihe.

1. Rationalität und Freiheit

Amartya Sen hat seine wissenschaftliche Arbeit im Bereich der ökonomischen Entscheidungstheorie begonnen, wenn man von der Doktorarbeit *Choice of Techniques* einmal absieht.[6] Seine spätere Beschäftigung mit ökonomischer Entwicklung und menschlichen Grundfähigkeiten, mit Themen der Gerechtigkeit und Fragen der Identität ist stets von diesem Ausgangspunkt in der Entscheidungstheorie geprägt geblieben. Diese Grundlage ist es auch, die Sens spezifischen Zugriff auf seine verschiedenen Arbeitsgebiete zu einer Einheit verbindet und seinen Freiheitsbegriff entscheidend beeinflusst. Grund genug also, den Einstieg in Sens Werk über die – wegen ihres hohen Formalisierungsgrades leider nicht immer ganz leicht zugängliche – Entscheidungstheorie zu wagen.

Im Mittelpunkt von Sens Arbeiten zur Entscheidungstheorie steht das Problem kollektiver oder sozialer Entscheidungen. Dabei geht es um die Frage, wie sich die individuellen Interessen und Urteile bzw. Entscheidungen vieler Menschen zu einer gemeinsamen kollektiven Entscheidung zusammenfügen lassen.[7] Das zentrale Problem besteht darin, eine Entscheidungsregel zu finden, die tatsächlich alle individuellen Entscheidungen gleichermaßen berücksichtigt und trotzdem nicht zu selbstwidersprüchlichen Resultaten führt. Diese Frage stellt sich eigentlich in allen sozialen Kontexten, insbesondere jedoch bei demokratischen Entscheidungsprozessen – beispielsweise über gewünschte soziale Zustände, weil dort ja, zumindest dem Ideal nach, wirklich alle individuellen Entscheidungsträger gleichermaßen berücksichtig werden sollen und nicht nur die Entscheidungen einer aristokratischen Elite, einer Diktatorin oder einiger Topmanager.

Die Überlegungen von Sen beruhen auf den Arbeiten von Kenneth Arrow, der als Pionier der gegenwärtigen Theorie kollektiver Entscheidungen gilt. Arrow hatte bereits 1951 sein so genanntes »Allgemeines Unmöglichkeitstheorem« formuliert.[8] Diesem Theorem zufolge ist es unmöglich, die Entscheidungen von zwei oder mehr Personen über drei oder mehr Alternativen in eine konsistente Rangordnung zu bringen und dabei minimale Kriterien der Rationalität zu berücksichtigen. Es ist hier nicht weiter nötig, die Details dieses Allgemeinen Unmöglichkeitstheorems auszubreiten, weil es darum geht, was Sen daraus gemacht hat, und das lässt sich auch so gut nachvollziehen.[9]

Es ist jedoch wichtig zu wissen, dass sich auf der Grundlage des Unmöglichkeitstheorems von Arrow zwei verschiedene Theoriestränge mit Fragen des kollektiven Entscheidens beschäftigen. Der eine Theoriestrang wird als *social choice theory* oder Sozialwahltheorie bezeichnet, und Sen bewegt sich in diesem Theorierahmen.[10] Der andere Theoriestrang heißt *public choice theory*, und Sen ist einer der schärfsten Kritiker dieses Ansatzes.[11] Beide Theorien des kollektiven Entscheidens beruhen auf einer bestimmten Vorstellung von rationalem Entscheiden, das sich am Modell des *homo oeconomicus*, also des egoistisch seine eigene Wohlfahrt maximierenden Akteurs, orientiert. Genau in diesem Punkt widerspricht Sen dem Rationalitätsbegriff der *public choice theory* vehement und stellt ihr sein eigenes, viel tieferes und inklusiveres Verständnis von Rationalität entgegen.[12]

Diese Differenz hat entscheidende Auswirkungen für das besondere Freiheitsverständnis von Sen und seine Überlegungen zum Thema Gerechtigkeit. Deshalb soll in diesem Kapitel zuerst der Rationalitätsbegriff von Sen im Rahmen seiner Sozialwahltheorie dargestellt werden, um dann auf der Grundlage dieser Sozialwahltheorie seinen Freiheitsbegriff und die zentralen Implikationen für sein Verständnis von Gerechtigkeit herauszuarbeiten. Diese Überlegungen münden in einer Neubestimmung des Verhältnisses von Ethik und Ökonomie, wie sie die späteren Arbeiten von Sen entscheidend geprägt hat.

1.1 Sozialwahltheorie und Rationalität

Wenn die Theorie der kollektiven Entscheidungen etwas darüber sagen soll, wie sich die Entscheidungen individueller Akteure in eine Rangordnung bringen bzw. aggregieren lassen, dann muss sie zuerst individuelle Präferenzen, Urteile bzw. Entscheidungen erfassen können.[13] Eine Möglichkeit bestünde darin, einfach alle Akteure nach ihren Entscheidungsabsichten zu befragen. Doch das ist sehr aufwendig und oft nicht durchführbar.[14] Eine Alternative besteht darin, auf der Grundlage vergangener Entscheidungen zukünftige Entscheidungen zu bestimmen. Um dies leisten zu können, ist es jedoch notwendig anzunehmen, dass Akteure rational und daher auf eine bestimmte Weise konsistent entscheiden. Nur so lässt sich aus der Vergangenheit etwas über gegenwärtige Entscheidungsabsichten ableiten.

Für die Ausprägung jeder Theorie des kollektiven Entscheidens ist das ihr zugrunde liegende Rationalitätsverständnis also von zentraler Bedeutung. Ein guter Einstieg, um sich dem Rationalitätsverständnis von Sen im Rahmen seiner Sozialwahltheorie anzunähern, besteht darin, zuerst seine Kritik am üblichen Rationalitätsbegriff in der Ökonomie und in der *public choice theory* nachzuvollziehen. Sen kritisiert vor allem zwei Ansätze der Entscheidungstheorie und ihr jeweiliges Rationalitätsverständnis, nämlich die auf tatsächlichen Entscheidungen beruhende Theorie

21

der rationalen Wahl und die auf Präferenzen beruhende Theorie der rationalen Wahl. Es bietet sich an, erst seine Kritik an der auf tatsächlichen Entscheidungen beruhenden Theorie der rationalen Wahl zu diskutieren, weil es sich dabei um die einfachere Theorie handelt.

Die Grundidee dieser auf tatsächlichen Entscheidungen beruhenden Theorie der rationalen Wahl besteht in der Annahme, dass nur zwei Indikatoren nötig sind, um entscheiden zu können, ob ein Akteur rational entscheidet oder nicht. Erstens ist es nötig zu wissen, wofür er sich in einer Reihe von Fällen tatsächlich entscheidet. Zweitens muss ermittelt werden, ob diese Reihe von Entscheidungen bestimmte Anforderungen der Konsistenz erfüllt. Zwei verbreitete Konsistenzbedingungen sind die folgenden beiden: erstens das *schwache Axiom der offenbarten Präferenzen* und zweitens die von Sen so genannte *Bedingung α*.[15]

Diese Konsistenzbedingungen lassen sich an einem abstrakten Beispiel illustrieren. Ein Konsument kann in einer gegebenen Situation S (vielleicht in einem Supermarkt) zwischen zwei Güterbündeln A und B entscheiden. Wenn er sich für das Güterbündel A entscheidet, dann stellt das schwache Axiom der offenbarten Präferenzen die folgende Konsistenzbedingung auf: In einer anderen Situation S' (in einem anderen Supermarkt) dürfte der Konsument auf keinen Fall Güterbündel B auswählen, solange Güterbündel A auch vorhanden ist. Das gilt ganz unabhängig davon, was sich in dieser Situation sonst noch geändert hat. Nur wenn diese Konsistenzbedingung erfüllt ist, dann handelt der Akteur auch rational.[16]

Die Bedingung α ist eine bestimmte Variante des schwachen Axioms der offenbarten Präferenzen. Wenn sich an der Situation S' gegenüber S nur der Umstand geändert hat, dass zusätzlich noch neue Güter und damit weitere alternative Güterbündel verfügbar geworden sind, dann gilt, dass der Konsument dem Güterbündel A gegenüber Güterbündel B stets den Vorzug geben muss. Die Grundidee dieser Konsistenzbedingungen lautet also, dass ein Akteur durch seine Entscheidung für A und gegen B zum Ausdruck gebracht hat, dass er A gegenüber B stets den Vorzug gibt. Damit er konsistent und im Sinne dieser Konsistenzbedingung auch rational handelt, muss er der Alternative A immer den Vorzug gegenüber der Alternative B geben.

Sen formuliert gegenüber dieser sehr einfachen Idee der auf tatsächlichen Entscheidungen beruhenden Theorie der rationalen Wahl drei zentrale Kritikpunkte. Der erste Kritikpunkt besteht darin, dass die Theorie in ihrer einfachen Formulierung nicht über die nötigen Ressourcen verfügt, um festlegen zu können, dass Akteure wirklich irrational handeln, wenn sie die Konsistenzbedingung verletzen. Wenn ein Konsument in einer Situation S das Güterbündel A wählt und in einer anderen Situation S' das Güterbündel B, dann ist nicht klar, warum dies irrational sein soll. Es handelt sich einfach um unterschiedliche Entscheidungen in verschiedenen Situationen. Sen schreibt:

»Die Behauptungen A und nicht-A sind auf eine Weise widersprüchlich, wie die Entscheidung für x aus $\{x,y\}$ und y aus $\{x,y,z\}$ es nicht sein können. Wenn diese beiden Entscheidungen jeweils die Behauptungen enthielten, dass (1) x eine bessere Alternative als y sei und (2) y eine bessere Alternative als x, dann gäbe es hier tatsächlich einen Widerspruch [...]. Doch diese Entscheidungen *als solche* beinhalten keine derartigen Behauptungen.«[17]

Diese Kritik trifft sicher zu. Es ist jedoch eher fraglich, ob besonders viele Ökonomen die auf tatsächlichen Entscheidungen beruhende Theorie der rationalen Wahl für so selbsterklärend halten und daher diesem Kritikpunkt von Sen ausgesetzt sind. Eine bessere Interpretation besagt, dass die tatsächlichen Entscheidungen vielmehr auf die Präferenzen der Akteure verweisen. Wenn ein Konsument sich in der Situation S für das Güterbündel A und gegen das Güterbündel B entscheidet, dann bringt er damit zum Ausdruck, dass er das Güterbündel A präferiert. Er muss dann, um rational zu sein, diese Präferenz auch in einer anderen Situation S' besitzen, solange beide Alternativen gegeben sind. Gerade wegen der Rückführung der Entscheidungen auf Präferenzen wird diese Theorie auch die Theorie der offenbarten Präferenzen genannt.[18]

Doch auch gegen diese Alternative einer auf offenbarten Präferenzen beruhenden Entscheidungstheorie besitzt Sen ein starkes kritisches Argument. An einem einfachen Beispiel macht er dieses Argument plausibel. In der Situation S hat der Gast einer Tischgesellschaft die Alternative, den letzten Apfel aus der sonst leeren Obstschale auf dem Tisch zu nehmen und zu essen oder nichts mehr zu essen. In der Situation S' befinden sich nicht nur einer, sondern insgesamt zwei Äpfel in der Obstschale. Der Gast könnte also zwei Äpfel, einen Apfel oder keinen Apfel nehmen. In diesen Szenarien, wie Sen sie beschreibt, nimmt sich der Gast in Situation S keinen Apfel und in der Situation S' einen der beiden Äpfel.[19]

Aus Sicht der auf tatsächlichen Entscheidungen beruhenden Theorie der rationalen Wahl ist dies jedoch, und das ist die Pointe der Geschichte, irrational. Es ist irrational, weil sich an der Situation S' gegenüber S nur geändert hat, dass noch ein zusätzlicher Apfel hinzukommt. In der Sprache der Entscheidungstheorie bedeutet dies, dass noch weitere Optionen hinzugekommen sind, die ursprünglichen Optionen A (einen Apfel nehmen) und B (keinen Apfel nehmen) aber geblieben sind. Es verletzt die Konsistenzbedingung α und ist daher irrational, einmal B zu wählen (wenn kein zweiter Apfel in der Schale liegt) und einmal A zu wählen (wenn ein zweiter Apfel in der Schale liegt).

Sen hingegen findet das überhaupt nicht irrational. Vielmehr argumentiert er, dass der Gast einen guten Grund hat, in dem ersten Szenario nicht den letzten Apfel zu nehmen. Es ist einfach unhöflich, das letzte Obst aus der Schale zu nehmen. Es ist aber nicht unhöflich, den vorletzten Apfel zu nehmen. Die auf tatsächlichen Entscheidungen und offenbarten Präferenzen beruhende Theorie der rationalen Wahl kann mit diesem feinen, aber im sozialen Umgang äußerst wichtigen Unterschied nicht umgehen, so argumentiert Sen. Allerdings können Verteidiger dieser Theorie darauf reagieren. Sie können nämlich argumentieren, dass die Alternativen, höflich oder unhöflich zu sein, selbst in das Güterbündel mit aufgenommen werden müssen. Es handelt sich in den beiden Situationen also gar nicht um dieselben Güterbündel. Sen hat sie nur unvollständig beschrieben, weil er nur das Gut Obst, aber nicht das Gut Höflichkeit berücksichtigt hat.

Dieses Argument trifft zu. Sie rettet aber nicht die auf tatsächlichen Entscheidungen beruhende Theorie der rationalen Wahl, wie Sen deutlich herausstellt.[20] Das Problem besteht darin, dass an den Entscheidungen allein nicht sichtbar wird, welche Güter bzw. allgemein welche Gesichtspunkte ein Akteur in seiner Entscheidung berücksichtigt hat. Die materiell erworbenen Güter, wie der Apfel, sind klar sichtbar. Bei dem Gut der Höflichkeit ist das jedoch nicht so. Dabei handelt es sich vielmehr um eine Erwägung oder ein Motiv des wählenden Akteurs, das sich dem Beobachter nicht einfach so offenbart.[21] Theoretiker können sich deswegen nicht allein auf die sichtbaren Entscheidungen von Akteuren stützen, um sie als rational einschätzen zu können. Vielmehr müssen sie bereits wissen, welche Motive ein Akteur in seinen Entscheidungen berücksichtigt, um beurteilen zu können, ob sie rational sind.

Aus diesem Grund funktioniert auch eine dritte Interpretation der auf tatsächlichen Entscheidungen beruhenden Theorie der rationalen Wahl nicht. Dieser Interpretation nach handelt es sich dabei um die empirisch überprüfbare These, dass Akteure und insbesondere Marktakteure rational im Sinne der Konsistenzbedingungen entscheiden. Dagegen wendet Sen auf der Grundlage des vorherigen Arguments ein, dass sich diese These niemals verifizieren lasse, weil zu viele Entscheidungsalternativen existieren, die niemals alle überprüft werden können. Aber, so lässt sich hinzufügen, diese These ist auch nicht falsifizierbar, und das ist ungleich problematischer. Der Grund dafür ist wieder, dass sich nicht vorab festlegen lässt, welche Motive der zu beobachtenden Akteure in der empirischen Untersuchung zu berücksichtigen sind. Häufig lassen sich im Nachhinein neue Motive behaupten, um die offenbarte Entscheidung dieser Akteure doch noch rational erscheinen zu lassen, so wie in dem Beispiel mit dem Apfel und der Höflichkeit.[22]

Eine Theorie, die prinzipiell nicht falsifizierbar ist, stellt gemäß den gegenwärtigen Standardannahmen der Wissenschaftstheorie keine gute empirische Theorie dar. Aus all diesen Gründen hält Sen die auf tatsächlichen Entscheidungen bzw. offenbarten Präferenzen beruhende Theorie der rationalen Wahl für gescheitert. Auf der Grundlage dieser Informationen allein lässt sich nicht entscheiden, ob und wann Akteure rational sind. Es bedarf vielmehr einer anderen Theorie, die auch Präferenzen oder Motive, jedenfalls mentale Zustände der Akteure explizit berücksichtigt.

Diese auf Präferenzen beruhende Theorie der rationalen Wahl ist in der ökonomischen Theorie von großer Bedeutung. Ein Grund dafür ist, dass sie verspricht, gut mit verschiedenen Formen von Unsicherheiten umgehen zu können, die Menschen bei der Herausbildung von Präferenzen als Grundlage ihrer Entscheidungen berücksichtigen.[23] Da sich Sen in seiner Kritik dieses Ansatzes jedoch vor allem auf Entscheidungen unter Sicherheit konzentriert, werden diese Fälle auch hier im Fokus stehen. Außerdem ist davon auszugehen, dass die Probleme der auf Präferenzen beruhenden Theorie der rationalen Wahl in Fällen sicherer Entscheidungen auch auf unsichere Entscheidungssituationen übertragbar sind.

Die Grundidee dieser Theorie besteht jedenfalls darin, dass in den Entscheidungen eines Akteurs seine Präferenzen zum Ausdruck kommen. Wenn ein Konsument in einer Situation S ein Güterbündel A einem anderen Güterbündel B vorzieht, dann bringt er damit zum Ausdruck, dass er dieses Güterbündel präferiert. Wenn in einer anderen Situation ebenfalls diese beiden Güterbündel zur Verfügung stehen, dann wird er wieder das Bündel A wählen, solange sich seine Präferenzen nicht geändert haben. Steht noch ein drittes Güterbündel C zur Verfügung und wählt der Konsument dieses, dann ergibt sich daraus eine Präferenzordnung, in der C vor A vor B steht.

Ökonomen gehen, wie oben gesehen, üblicherweise davon aus, dass die Präferenzen von rationalen Akteuren stabil bleiben und sich nicht ständig und spontan ändern. Diese Annahme erlaubt es ihnen, aufgrund der offenbarten Präferenzen Aussagen über die Präferenzordnungen der Akteure zu treffen. Wir hatten jedoch bereits gesehen, dass die auf Entscheidungen oder offenbarten Präferenzen beruhende Theorie der rationalen Wahl diesen Anspruch nicht einlösen kann. Sie besitzt keine Grundlage dafür, die Stabilität von Präferenzen behaupten zu können. Die auf Präferenzen beruhende Theorie der rationalen Wahl hingegen will das erreichen, indem sie annimmt, dass Akteure nur egoistische Präferenzen haben und diese maximieren wollen.[24]

Diese Annahme würde es tatsächlich erlauben, Präferenzen konstant zu halten und dann auf der Grundlage von Entscheidungen Aussagen über deren Rationalität zu treffen. Sen hält diesen Ansatz jedoch für falsch. Das erste Problem dieser auf egoistischen Präferenzen beruhenden Theorie der rationalen Wahl besteht darin, dass auch sie aus tatsächlichen Entscheidungen keine eindeutigen Aussagen über Rangordnungen von Akteuren ableiten kann. Wenn ein Akteur in Situation S das Güterbündel A wählt und in der Situation S' das Güterbündel B, obwohl das andere Bündel A auch zur Verfügung steht, dann muss er nicht irrational sein. Vielmehr kann es sein, dass er beide Güterbündel gleich stark präferiert und zufällig entscheidet.[25]

Die eigentliche Kritik von Sen betrifft jedoch die Annahme der Maximierung egoistischer Interessen. Er akzeptiert zunächst, dass Menschen auf der Grundlage ihrer Präferenzen entscheiden. Er glaubt aber nicht, dass diese Präferenzen egoistisch und auf Maximierung ausgerichtet sein müssen. Solange die ökonomische Theorie an diesen Annahmen festhält, produziert sie nur ein Zerrbild menschlichen Handelns und kann die Wirklichkeit kaum erfassen. Sen geht davon aus, dass Ökonomen üblicherweise drei problematische Annahmen über Präferenzen in ihre Theorie der rationalen Wahl einbauen: erstens die Annahme der egoistischen Wohlfahrt (*self-centred welfare*), zweitens die Annahme von der eigenen Wohlfahrt als Ziel (*self-welfare goal*) und drittens die Annahme von der Wahl des eigenen Ziels (*self-goal choice*). Sen hält alle drei Annahmen für verkürzt.[26]

Self-centred welfare: Die erste Annahme der egoistischen Wohlfahrt besagt, dass die Wohlfahrt von Akteuren nur aus ihrem unmittelbaren individuellen Wohlergehen besteht. Diese Annahme ist offensichtlich falsch. Denn vielen Akteuren liegt klarerweise etwas an dem Wohlergehen anderer, zum Beispiel von Angehörigen und Freunden, aber auch von Fremden. Deswegen wird diese Annahme auch von kaum jemandem explizit befürwortet. Trotzdem schleicht sie sich häufig in Theorien ein, weil sie durch die klare Beschränkung möglicher Präferenzen mehr Voraussagen über das Verhalten von Akteuren zulässt. Genau darin sieht Sen aber auch das Problem, gerade weil sie ein Zerrbild der Präferenzordnung der meisten Menschen darstellt.[27]

Sen leugnet nicht, dass manche Menschen manchmal ihre eigene Wohlfahrt maximieren. Aber die meisten Menschen handeln nicht immer so, und vielleicht tut das überhaupt kein Mensch immer. Ihnen dann vorzuwerfen, irrational zu sein, wäre eine bloße Stipulation, um die eigene Theorie zu retten. Daher ist es falsch, diese Einschränkung der Maximierung der eigenen Wohlfahrt zur Bedingung für rationales Handeln zu machen. Dies stellt ohnehin eine viel zu enge Vorstellung von Rationalität dar. Um diesen Punkt zu verdeutlichen, schreibt Sen:

»Im Vergleich zu der Behauptung, dass die *Rationalität* von Menschen unbedingt verlangt, ihr Eigeninteresse zu maximieren, mag es nicht einmal ganz so absurd sein zu behaupten, dass Menschen ihr Eigeninteresse *tatsächlich* immer maximieren. Universeller Egoismus als *Tatsache* ist wohl eine falsche Annahme, als Bedingung für *Rationalität* ist diese Annahme schlicht absurd.«[28]

Self-welfare goal: Die zweite Annahme von der eigenen Wohlfahrt als Ziel ist etwas inklusiver als die erste Annahme. Sie lässt zu, dass das Wohlergehen anderer Menschen Teil der Wohlfahrt eines Akteurs ist. Die Wohlfahrt einer Mutter oder eines Vaters hängt dann beispielsweise davon ab, ob es ihren Kindern gut geht. Trotzdem kritisiert Sen diese Annahme, weil sie die Interessen anderer Akteure auf zu eingeschränkte Weise berücksichtigt. Akteure berücksichtigen diese Interessen nämlich nur, insofern ihre eigene Wohlfahrt davon abhängt. Väter und Mütter interessieren sich dann nur für das Wohlergehen ihrer Kinder, weil es ihnen selbst schlecht geht, wenn es den Kindern schlecht geht. Diese Erweiterung der egoistischen Präferenzen beruht also auf Sympathie anderen gegenüber.

An dieser Stelle führt Sen die wichtige Unterscheidung von Sympathie und Verpflichtung (*commitment*) ein.[29] Akteure können die Präferenzen anderer zu ihren Zielen machen, weil sie Sympathie für andere haben oder weil sie ihnen verpflichtet sind. Wenn sie Sympathie für jene anderen haben und mit ihnen mitfühlen, dann wird die Wohlfahrt der anderen zu einem Teil ihrer eigenen Wohlfahrt. Wenn sie die Präferenzen der anderen in ihren Zielen jedoch berücksichtigen ohne jede besondere Sympathie, dann hat das mit ihrer eigenen Wohlfahrt nichts zu tun. Es kann sogar sein, dass es sehr auf Kosten der eigenen Wohlfahrt geht, jener Verpflichtung anderen gegenüber nachzukommen. Trotzdem ist man bereit dazu, so argumentiert Sen, weil diese Verpflichtung Teil der eigenen Ziele ist; ein Teil der eigenen Werthaltung könnte man vielleicht auch sagen.[30]

Self-goal choice: Die Kritik an der dritten Annahme der Wahl des eigenen Ziels ist weniger klar als die beiden anderen Kritikpunkte. Zunächst leuchtet der Gedanke nämlich ein, dass Akteure ausschließlich nach ihren eigenen Zielen handeln. Wenn diese Ziele nicht nur ihre egoistische Wohlfahrt und auch nicht nur ihre durch Sympathie erweiterte Wohlfahrt enthalten, sondern z.B. auch Verpflichtungen anderen gegenüber, dann erscheint das fast schon trivialerweise wahr zu sein. Wenn die möglichen Ziele so weit gefasst sind, was sonst außer den eigenen Zielen soll ein Akteur dann noch wählen? Die Antwort von Sen lautet, dass man die Ziele anderer berücksichtigen kann, ohne sie zu den eigenen Zielen zu machen.[31]

Jemand kann die Ansprüche oder Rechte anderer berücksichtigen, einfach weil er sie als relevante Normen betrachtet, ohne es zu seinem eigenen Ziel zu machen, die Rechte und Ansprüche dieser anderen zu erfüllen. Tatsächlich kann es seine Ziele sogar enorm stören und einschränken. Sen schreibt: »[...] es kann sicher Abweichungen von der Wahl der eigenen Ziele geben [...] Hier kommen natürlich soziale Verhaltensnormen ins Spiel, die das Verfolgen der eigenen Zeile einschränken.«[32] Ein Kritiker könnte Sen allerdings entgegenhalten, dass es sich dann ja doch um Ziele des Akteurs handelt, nämlich das Ziel, sich an Regeln und Normen zu halten oder Rechte und Ansprüche anderer zu berücksichtigen.

Demgegenüber kann man den Punkt von Sen vielleicht verdeutlichen, indem man zwischen zwei Formen der Verpflichtung unterscheidet. Eine Verpflichtung kann auf der eigenen Werthaltung beruhen. Dann berücksichtigt man die Interessen und Präferenzen anderer, weil man es selbst gerecht oder anständig oder etwas Derartiges findet. Eine Verpflichtung kann aber auch auf sozialen Regeln und Normen beruhen. Dann berücksichtigt man die Präferenzen anderer, einfach weil man diese Regeln akzeptiert. Das gilt auch dann, wenn man aus der eigenen Werthaltung heraus diese Präferenzen nicht berücksichtigen würde, vielleicht weil man sie irrelevant oder sogar schlecht findet. Vielleicht stimmt es dann, dass auch die zweite Verpflichtung von dem eigenen Ziel abhängt, sich an die Regeln zu halten. Aber das ist nur ein sehr indirekter Zusammenhang und hat nichts mit der Verwirklichung der eigenen Werte zu tun.

Die Kritik von Sen am Rationalitätsbegriff der Theorie der rationalen Wahl fällt jedenfalls vernichtend aus. Das gilt sowohl für die auf Entscheidungen als auch für die auf Präferenzen beruhende Theorie der rationalen Wahl. Doch welches Rationalitätsverständnis hält er dem in seinem eigenen Ansatz der Sozialwahltheorie entgegen? Und erlaubt dieser Rationalitätsbegriff tatsächlich die Aggregation individueller zu kollektiven Entscheidungen? Um die Rolle der Rationalität für die Ökonomie und auch in den späteren Arbeiten von Sen richtig erfassen zu können, ist es wichtig, noch zwei weitere seiner Ergebnisse aus den Arbeiten zur Theorie der Sozialwahl hinzuzunehmen. Sen entwickelt aus diesen Arbeiten ein spezifisches Freiheitsverständnis und eine besondere Perspektive auf Gerechtigkeit. Beides ist wichtig, so argumentiert Sen, um bei kollektiven Entscheidungen zu vernünftigen Ergebnissen zu kommen.

1.2 Sozialwahltheorie und Freiheit

Im Zuge seiner Auseinandersetzung mit dem allgemeinen Unmöglichkeitstheorem von Arrow hat Sen ein eigenes Unmöglichkeitstheorem gefunden, das sein besonderes Interesse an dem Thema der Freiheit verdeutlicht. Dabei handelt es sich um das »Liberale Paradox« oder die »Unmöglichkeit eines Paretischen Liberalen«, wie Sen einen zentralen Aufsatz von 1970 betitelt hat.[33] Um dieses Paradox zu verstehen, ist es wichtig, sich zuerst noch einmal die Grundidee der Sozialwahltheorie zu vergegenwärtigen. Diese Grundidee besteht darin, die Präferenzen individueller Akteure so zu einer kollektiven bzw. sozialen Präferenzordnung zu aggregieren, dass es zu keinen Widersprüchen kommt.

Sen zeigt nun, dass dies schon für drei einfache und sehr plausible Annahmen nicht möglich ist. Diese Annahmen lauten: 1. Jedes Set von individuellen Präferenzen muss zulässig sein; 2. Wenn jeder den Zustand X dem Zustand Y vorzieht, dann wird auf sozialer Ebene auch X gewählt; 3. Es gibt zumindest für einige Personen einen anerkannten persönlichen Bereich, in dem nur ihre Entscheidungen für die zu wählenden Zustände relevant sind. Die erste Annahme besagt tatsächlich nur, dass keine Präferenzen von vornherein zurückzuweisen sind. Die zweite Annahme ist die Pareto-Bedingung. Denn Pareto-Optimalität besagt, dass stets der soziale Zustand zu bevorzugen ist, der einige besser und niemanden schlechter stellt. Das ist dann gegeben, wenn der Zustand X gewählt wird, da alle Akteure dem Zustand X dem Zustand Y gegenüber den Vorzug geben.[34] Die dritte Annahme ist die Freiheitsbedingung, da sie besagt, dass individuelle Akteure in einem persönlichen Bereich frei entscheiden können sollten.

Sen zeigt nun, dass die Annahmen zwei und drei in Widersprüche führen und es daher zu dem Liberalen Paradox kommt. Auch hier ist es nicht wichtig, den formalen Beweis dafür nachzuvollziehen. Aber eine Geschichte, an der Sen selbst sein Ergebnis illustriert, hilft dabei, das Paradox zu verstehen. Es geht dabei um das Buch *Lady Chatterleys Liebhaber*, das in den 1970er Jahren noch als äußerst provokant galt. Die freigeistige Maria möchte das Buch gern lesen, fände es allerdings noch lustiger, wenn der prüde John es liest. Ganz schlimm fände sie es, wenn niemand das Buch liest. Der prüde John hingegen fände es am besten, wenn niemand das Buch liest. Wenn es schon jemand lesen muss, dann würde er es aber lieber selbst lesen, anstatt es Maria lesen zu lassen, die sich auch noch daran erfreut.

Die Freiheitsbedingung besagt nun, dass Maria selbst entscheiden können muss, ob sie das Buch liest oder nicht. Sie kann vielleicht mit John einen Deal machen, wenn sie will, aber dies ist keine Frage für eine gesamtgesellschaftliche Entscheidung. Dem widerspricht jedoch die Pareto-Bedingung. Da sowohl John als auch Maria es präferieren, wenn John das Buch liest, ist das der sozial zu bevorzugende und vielleicht auch institutionell herzustellende Zustand.[35] Hier zeigt sich: Es kommt selbst bei solch einem einfachen Fall zu einem Widerspruch, weil die Pareto-Bedingung und die Freiheitsbedingung nicht zugleich erfüllt sein können. Der Grund dafür ist, dass Pareto-Optimalität nicht automatisch Rücksicht auf persönliche Freiräume nimmt.

Sen glaubt natürlich nicht, dass die Aufgabe der Sozialwahltheorie darin besteht, Paradoxien zu produzieren und die Unmöglichkeit sozialer Entscheidungen zu zeigen. Vielmehr sollen solche Paradoxien dabei helfen, besser bestimmen zu können, welche zusätzlichen Informationen für kollektive Entscheidungen relevant sind und welches Gewicht diese Informationen haben. Es sollte bei sozialen Entscheidungen eben nicht nur darum gehen, ein Pareto-Optimum zu erreichen. Es sollte auch darum gehen, persönliche Freiheitsräume zu wahren, auch wenn dies auf Kosten des Pareto-Optimums geschieht.

Tatsächlich bildet dieser Gedanke wohl den Ausgangspunkt dafür, dass sich Sen intensiv mit dem Freiheitsbegriff auseinandergesetzt und ihn zur Grundlage seiner Beschäftigung mit der Wohlfahrtsökonomik, der sozialen Entwicklung und Gerechtigkeit sowie Fragen der Identität gemacht hat. Philip Pettit schreibt daher treffend: »Von seiner frühesten Forschung zur Sozialwahltheorie bis zu seiner späteren Entwicklung der Idee der Fähigkeit (*capability*) hat Amartya Sen der Idee der Freiheit einen ganz zentralen Platz in seinem Denken eingeräumt.«[36]

Bei sozialen Entscheidungen in Fragen der Wohlfahrt, Entwicklung, Gerechtigkeit und Identität kann es also nicht nur um die Erfüllung einer kollektiven Rangordnung individueller Präferenzen gehen. Das gilt selbst dann, wenn der Präferenzbegriff nicht egoistisch verkürzt wird, wie es in der *public choice theory* der rationalen Wahl üblich ist. Es bedarf vielmehr zusätzlicher Entscheidungskriterien, oder wie Sen es üblicherweise ausdrückt: einer breiteren Informationsbasis. Wichtige zusätzliche Informationen betreffen die Freiheit der einzelnen Akteure. Diese Freiheit setzt den individuellen Präferenzen und ihrer Aggregation zu sozialen Entscheidungen klare Grenzen.

Doch um welche Freiheit geht es dabei eigentlich? Eine naheliegende und bei klassischen liberalen Denkern weit verbreitete Antwort lautet: Entscheidungsfreiheit. Zumindest in bestimmten Bereichen müssen individuelle Akteure die Freiheit haben, selbst und unabhängig von sozialen Präferenzen zu entscheiden, welche Optionen sie wählen wollen. Doch Sen ist mit dieser klassischen

Antwort unzufrieden. Es geht nicht nur um direkte Kontrolle über Entscheidungen. Freiheit betrifft auch die Wirksamkeit von Präferenzen. Das zeigt ein einfaches Beispiel: Ein Unfallopfer ist ohnmächtig und kann nichts entscheiden. Das Ärzteteam kennt aber die Präferenzen des Unfallopfers und wählt daher eine weniger gefährliche, aber auch weniger effektive Operation. Sen argumentiert, dass hier die Freiheit des Opfers eine Rolle spielt, obwohl es selbst nichts entschieden hat. Dennoch waren es ausschließlich seine Präferenzen, die die Entscheidung der Ärzte bewirkt haben. Nicht nur Entscheidungsfreiheit, sondern bereits wirksame Präferenzfreiheit macht individuelle Freiheit bzw. individuelle Freiräume aus.[37]

Auf den ersten Blick scheint dieser Punkt nicht so wichtig, weil das Beispiel auf der Ausnahmesituation der Ohnmacht beruht. Tatsächlich ist es aber sehr wichtig, nicht nur Entscheidungen, sondern auch Präferenzen in den Blick zu nehmen, wenn es um Freiheit geht. Dann zeigt sich nämlich, dass in vielen Situationen keine wirkliche Freiheit besteht. Es liegt zwar eine Form von Entscheidungsfreiheit vor, aber keine Präferenzfreiheit. Wenn ein kleines Kind in Armut vor der Wahl steht, entweder zu verhungern oder den ganzen Tag körperlich schwer zu arbeiten, dann kann es eine Entscheidung treffen, nämlich zu arbeiten oder nicht zu arbeiten und zu hungern. Tatsächlich sprechen manche Ökonomen hier sogar von einer freien Entscheidung für die Arbeit.

Sen kann dem jedoch entgegenhalten, dass überhaupt keine Präferenzfreiheit vorliegt. Das Kind will überleben und hat daher keine Wahl. Es lässt sich sogar argumentieren, dass viele Präferenzen für das Kind in dem Sinne nicht wählbar sind, dass sie keine Wirkung entfalten können. Wahrscheinlich würde das Kind lieber in die Schule gehen, aber diese Präferenz ist nicht wählbar, also kein Teil ihrer Entscheidungsmöglichkeiten. Es bräuchte ganz andere Akteure, die die Strukturen so verändern, dass ein Schulangebot und eine hinreichende materielle Grundversorgung zur Verfügung stehen.

Dieser Punkt bringt Sen zu der Einsicht, dass Freiheit nicht nur davon abhängt, ob ein Akteur vor dem Hintergrund bestehender Strukturen wirksame Entscheidungen gemäß seinen Präferenzen treffen kann. Denn dann hat der Akteur seine Präferenzen bereits den konkreten Wahlmöglichkeiten angepasst. Dies nennt Sen das Problem der adaptiven Präferenzen. Um ein wenig Glück im Leben zu erfahren, gibt sich ein Mensch in schlechter Lebenslage mit seinen wenigen Möglichkeiten zufrieden.[38] Demgegenüber hängt echte Freiheit auch davon ab, ob die Hintergrundstrukturen so beschaffen sind, dass die relevanten Präferenzen der betroffenen Akteure in dem Sinne hinreichend berücksichtigt werden, dass sie realisierbar sind.

Hier schließt Sen an seine Einsicht an, dass für Fragen der Sozialwahl die offenbarten Präferenzen keine hinreichende Basis liefern. Vielmehr muss es um diejenigen Präferenzen gehen, die ein Akteur besäße, wenn er mehr Wahlmöglichkeiten hätte. Genau diesen Punkt fängt Sen in späteren Arbeiten mit der Unterscheidung von Fähigkeiten (*capabilities*) und Funktionsweisen (*functionings*) ein.[39] Es muss bei der Sozialwahl darum gehen, dass die Fähigkeiten der Menschen, bestimmte Zustände zu erreichen, verbessert werden. Dann ist es ihrer individuellen Wahlfreiheit überlassen, welche dieser möglichen Zustände sie auswählen. Nur wenn das Gewicht auf den Fähigkeiten liegt, dann wird sowohl die Freiheit der Präferenzen als auch die Freiheit der Entscheidungen berücksichtigt. Denn nur dann kommt in den Blick, dass die Hintergrundbedingungen so verändert werden müssen, dass die Menschen mehr Fähigkeiten haben, die von ihnen angestrebten Funktionsweisen selbst zu wählen.

Inzwischen gibt es eine ausführliche Literatur zu der Bedeutung des erweiterten Freiheitsverständnisses von Sen. Philip Pettit beispielsweise schlägt noch zusätzliche Erweiterungen vor, indem er zwischen aktiver (selbst steuern) und virtueller (eingreifen können) Kontrolle sowie zwischen Optionsfreiheit (Zunahme von Handlungsoptionen) und Statusfreiheit (eine Funktionsweise tatsächlich erreichen können) unterscheidet. Er will damit das Freiheitsverständnis von Sen in die Nähe des republikanischen Demokratieverständnisses rücken.[40]

Auch Sen selbst hat seinen Ansatz im Laufe der Jahre zunehmend erweitert. Ihm wurde immer wichtiger, dass nicht nur bestimmte Zustände der Wohlfahrt erreicht werden, sondern dass Akteure selbst wählen können, welche Zustände sie auf der Grundlage ihrer Fähigkeiten erreichen wollen. Außerdem macht es einen Unterschied, so argumentiert er, ob sie diese Zustände durch ihre eigene Aktivität oder aufgrund der Aktivität anderer Akteure erreichen. In beiden Fällen ist es wichtig, dass die Informationen über die Präferenzen der Akteure bezüglich der zentralen Fähigkeiten und Aktivitäten auch bekannt sind. Das ist nur in einem demokratischen Kontext möglich, wie Sen argumentiert.[41]

Im nächsten Kapitel wird der gerade angesprochene (und von Sen selbst nicht) so genannte Fähigkeitenansatz ausführlich vorgestellt. Hier ging es nur darum zu zeigen, dass sich Sens Konzentration auf Fähigkeiten im Gegensatz zu Zuständen der Wohlfahrt oder des Glücks aus seinem expansiven Freiheitsverständnis ergibt. Es war das »Liberale Paradox«, das ihm vor dem Hintergrund der Sozialwahltheorie dabei geholfen hat, dieses expansive Freiheitsverständnis als wichtige Grundlage des kollektiven Entscheidens zu entwickeln.

1.3 Sozialwahltheorie und Gerechtigkeit

Die Sozialwahltheorie von Sen erlaubt einen systematischen Zugriff auf Fragen der Gerechtigkeit, wie es in der ökonomischen Theorie nicht selbstverständlich ist. Die letzten beiden Abschnitte dieses Kapitels zeigen, warum dies so ist. Die ökonomische Theorie geht normalerweise von egoistischen Präferenzen aus und lässt kaum besondere Freiheitsrechte zu, da sie auf der Theorie der rationalen Wahl, der Idee des *homo oeconomicus* und dem Pareto-Optimum beruht. Die einzige Gerechtigkeitstheorie, die ihr dann noch zur Verfügung steht, ist eine auf gegenseitigem Vorteilsstreben beruhende Form des Utilitarismus.[42]

Weil Sen in seiner Sozialwahltheorie auch werte- und regelgeleitete Präferenzen sowie den Vorrang von Freiheitsrechten vor der pareto-optimalen Nutzenorientierung zulässt, ist diese Theorie weniger stark auf eine Gerechtigkeitsvorstellung festgelegt. Daher kann die Sozialwahltheorie dabei helfen, verschiedene gesellschaftliche Zustände A, B und C miteinander zu vergleichen und als mehr oder weniger gerecht zu bewerten. Der entscheidende Unterschied zur *public choice theory* besteht darin, dass dies nicht auf der Grundlage egoistischer Präferenzen, sondern auf der Grundlage vernünftiger Präferenzen in einem weiteren Sinne geschieht.

Nicht die Aggregation beliebiger subjektiver Präferenzen, sondern die Aggregation der vernünftigen Präferenzen gibt also den Ausschlag für die Bewertung eines Zustandes als gerecht. Diese vernünftigen Präferenzen schließen Werte und Regeln explizit ein. An dieser Stelle ergibt sich allerdings das Problem, dass nicht ganz klar ist, wie diese vernünftigen Präferenzen ermittelt werden können. In späteren Arbeiten setzt Sen auf vernünftige öffentliche Diskussionen in demokratischen Strukturen.[43] Dieser Ansatz wird in den nächsten beiden Kapiteln aufgenommen. Hier geht es zunächst einmal darum zu zeigen, wie Sen in seinen früheren Arbeiten und im Rahmen seiner Sozialwahltheorie infrage kommende Gerechtigkeitsvorstellungen strukturiert und bewertet hat.

Er unterscheidet dazu, wie inzwischen allgemein üblich, drei Formen von Gerechtigkeitsvorstellungen: Suffizienztheorien, Prioritätstheorien und Gleichheitstheorien.[44] Suffizienztheorien beruhen auf der Annahme, dass ein Zustand A dann gerechter ist als ein Zustand B, wenn in A mehr Menschen oberhalb einer bestimmten Suffizienzschwelle liegen. Prioritätstheorien beruhen auf der Annahme, dass Zustand A dann gerechter ist als Zustand B, wenn es in A zumindest einigen schlechter gestellten Gesellschaftsmitgliedern besser geht als in B. Gleichheitstheorien beruhen auf der Annahme, dass Zustand A dann gerechter ist als Zustand B, wenn in A mehr Gleichheit herrscht als in B.

Alle drei Ansätze sind für sich genommen defizitär, so argumentiert Sen. Er befürwortet daher einen pragmatischen Mischansatz, in dem die Vorteile aller drei Ansätze berücksichtigt werden. Dieser Ansatz wird im dritten Kapitel ausführlich behandelt. Der Beitrag von Sen beschränkt sich jedoch nicht auf einen eigenen Ansatz. Vielmehr hat er auf der Grundlage seiner Sozialwahltheorie Wesentliches zum Verständnis der drei Ansätze der Suffizienz-, Prioritäts- und Gleichheitstheorien geleistet und die Diskussion entscheidend beeinflusst.

Suffizienztheorien: Suffizienztheorien sind für sich genommen keine vollständigen Gerechtigkeitstheorien, so legt Sen mit einem einfachen Argument dar. Eine Suffizienztheorie muss einen Schwellenwert festlegen. Menschen, die ökonomisch unterhalb dieses Schwellenwerts liegen, erreichen keine Suffizienz. Alle Menschen, die oberhalb dieses Wertes liegen, erreichen Suffizienz. Wenn in Gesellschaftszustand A und B alle Menschen oberhalb des Schwellenwertes liegen, dann sind diese Gesellschaften der

Suffizienztheorie gemäß gleichermaßen gerecht. Nehmen wir an, dass der Schwellenwert bei fünf Einheiten liegt. Es kommt hier nicht darauf an, um welche Einheiten es geht; es könnte um Geld, Glück, Nutzen, Güter oder aber Fähigkeiten gehen.[45]

Nehmen wir weiterhin an, dass in Gesellschaft A ein Teil der Bevölkerung über sechs Einheiten verfügt, ein anderer Teil besitzt hundert Einheiten. In Gesellschaft B verfügt der erste Teil der Bevölkerung über achtzig Einheiten und der zweite wieder über hundert Einheiten. Für die Suffizienztheorie müssen beide Gesellschaftszustände gleichermaßen gerecht sein, weil alle Menschen den Schwellenwert überschreiten. Für Sen ist das jedoch gar nicht so klar. Es kann gut sein, dass Gesellschaftszustand B viel gerechter ist als Zustand A, beispielsweise wenn in dieser Gesellschaft alle Menschen hart arbeiten und einen gerechten Lohn erwarten dürfen. Die Suffizienztheorie ist also keine vollständige Gerechtigkeitstheorie, weil sie allein nichts über gerechte Verhältnisse oberhalb einer minimalen Suffizienzschwelle sagen kann.

Mit diesem Argument will Sen jedoch nicht sagen, dass solche Suffizienztheorien für Gerechtigkeitsfragen überhaupt keine Rolle spielen. Es ist durchaus wichtig zu wissen, wie viele Menschen sich unterhalb der Suffizienzschwelle befinden. Diese Menschen leben nämlich in Armut, und Armut ist nicht nur für die ökonomische Wohlfahrtstheorie, sondern auch für die Gerechtigkeitstheorie in einem weiteren Sinne eine zentrale Herausforderung. In diesem Kontext hat sich Sen intensiv mit der Frage auseinandergesetzt, wie Armut richtig gemessen werden sollte, und einen eigenen Vorschlag unterbreitet. Diese Diskussion ist sehr technisch und stark mathematisiert, so dass sie hier nicht im Detail nachvollzogen werden kann.[46]

Es sollte allerdings betont werden, dass Sen auf zentrale Mängel bei den üblichen Formen der Armutsmessungen hingewiesen hat. Eine sehr gängige Methode besteht darin, einfach diejenigen Menschen zu zählen, die unterhalb des Schwellenwertes liegen. Verbreitete Schwellenwerte für absolute Armut sind ein oder zwei Dollar Kaufkraft pro Tag. Das bedeutet, dass die Menschen oft viel weniger Geld haben, in ihren Ländern mit diesem Geld aber pro Tag solche Güter kaufen können, für die sie in den USA einen bzw. zwei Dollar bezahlen müssten. Diese Menschen müssten in den USA also mit dreißig oder sechzig Dollar und in Deutschland mit etwa dreißig oder sechzig Euro pro Monat auskommen. Dies betrifft weltweit immerhin zwischen ein und zwei Milliarden Menschen. Ein Drittel der Weltbevölkerung muss also mit weniger als sechzig Dollar Kaufkraft pro Monat auskommen.[47]

Sen befürwortet an diesem Verfahren der Armutsmessung, dass es sehr einfach und eindrücklich ist. In bestimmten Kontexten kann es also durchaus nützlich sein. Allerdings gibt es auch zwei Probleme. Erstens wird nichts darüber gesagt, wie weit diese absolut armen Menschen unter dem Schwellenwert liegen, wie viel weniger als sechzig oder dreißig Dollar sie also haben. Es kann durchaus sein, dass sehr viele Menschen noch sehr viel ärmer sind. Zweitens entsteht ein politischer Anreiz, denjenigen Menschen zuerst zu helfen, die der Schwelle am nächsten sind. Dadurch wird die Statistik schnell verbessert, weil so am leichtesten erreicht wird, dass weniger Menschen arm erscheinen. Das muss aber nicht die nachhaltigste Strategie zur Armutsbekämpfung sein, was im Vordergrund stehen sollte, wie Sen argumentiert.

Eine zweite verbreitete Methode, die Sen kritisiert und die hier beispielhaft diskutiert werden soll, bezieht die Abstände in der Armut der Menschen zum Schwellenwert ein. Wenn der Schwellenwert für Armut bei sechzig Dollar im Monat liegt und eine Person über zehn Dollar verfügt und eine andere über fünfzig Dollar, dann werden diese Abstände gemittelt, so dass beiden Personen im Durchschnitt dreißig Dollar fehlen, um die Armutsgrenze zu überschreiten. Dieser Ansatz umgeht das Problem des vorher diskutierten, hat aber seine eigenen Schwierigkeiten. Sie bestehen darin, dass die ungleiche Einkommensverteilung unterhalb der Armutsgrenze nicht berücksichtigt wird. Sen argumentiert demgegenüber, dass es besser sein kann, wenn wirklich beide Personen über dreißig Dollar verfügen und nicht eine über zehn Dollar und die andere über fünfzig Dollar.[48] Suffizienztheorien machen also bestenfalls einen Teil umfassender Gerechtigkeitsüberlegungen aus und sind vielleicht besonders nützlich, wenn es um schnell zu klärende Verteilungsfragen geht.

Prioritätstheorien: Reine Prioritätstheorien kritisiert Sen aus einem ähnlichen Grund wie Suffizienztheorien. Die Grundidee der Prioritätstheorie der Gerechtigkeit besteht darin, dass die am schlechtesten Gestellten bessergestellt werden müssen. Gesellschaftszustand A ist dann gerechter als Zustand B, wenn es denjenigen in A besser geht, die in dieser Gesellschaft ökonomisch am schlechtesten dastehen. Sen befürwortet zwar eine grundsätzliche Priorisierung der am stärksten Benachteiligten. Allerdings gilt das nicht in allen Fällen, und Sen hält eine strenge Prioritätstheorie für einseitig und zu starr auf dieses Kriterium fixiert.

Das Problem lässt sich wieder an einem abstrakten Beispiel verdeutlichen. Im Gesellschaftszustand A verfügt eine Gruppe über zwanzig Einheiten, die große Mehrheit der Bevölkerung über sechzig Einheiten und eine dritte Gruppe über einhundert Einheiten. Im Gesellschaftszustand B verfügt die erste Gruppe über 21 Einheiten, die sehr große zweite Gruppe über 25 Einheiten und die dritte Gruppe wieder über einhundert Einheiten. Eine strenge Prioritätstheorie müsste den Zustand B für gerechter halten als A, obwohl es der ersten Gruppe nur ein wenig besser geht und der anderen sehr großen Gruppe erheblich schlechter.

Sen findet wieder nicht, dass dies so eindeutig ist und Gesellschaftszustand B gewählt werden sollte. In diesem Sinne kritisiert er auch das berühmte Differenzprinzip von John Rawls, das besagt, dass die am schlechtesten Gestellten am besten gestellt werden müssen.[49] Dieses Prinzip ist zu starr, weil es möglicherweise erhebliche Wohlstandsgewinne für große Teile der Bevölkerung vernachlässigt. Eine Gerechtigkeitstheorie muss also sowohl die am schlechtesten Gestellten priorisieren als auch die gesamte Wohlfahrt für alle Gesellschaftsmitglieder im Blick behalten. Diese beiden Prinzipien miteinander in Einklang zu bringen ist jedoch gar nicht so einfach, wie die an Sen anschließende Debatte über den Vergleich zahlreicher verschiedener gesellschaftlicher Zustände im Rahmen der Sozialwahltheorie zeigt.[50] Ohnehin glaubt Sen, dass sich die Gerechtigkeitstheorie nicht auf eine Kombination aus Prioritätstheorie und Wohlfahrtsakkumulation beschränkt.

Gleichheitstheorien: Gleichheit spielt ebenfalls eine große Rolle für Gerechtigkeit, so argumentiert Sen.[51] Allerdings kann es dabei nicht nur um reine Gleichheit gehen. Denn dann wäre ein gesellschaftlicher Zustand, in dem zwei Parteien jeweils über zwei Einheiten verfügen, gerechter als ein gesellschaftlicher Zustand, in dem eine Partei über acht Einheiten und die andere Partei über neun Einheiten verfügt. Diese Gefahr der massiven Wohlfahrtsabnahme, um Gleichheit herzustellen, macht reine Gleichheitstheorien enorm unplausibel.[52] Gefragt ist also vielmehr eine Theorie, die die am schlechtesten Gestellten priorisiert, Wohlfahrtsakkumulationen zulässt und gleichzeitig relative Gleichheit berücksichtigt.

Ein Ansatz, den Sen in diesem Kontext ausführlich diskutiert, ist die sogenannte Lorenz-Dominanz, die auch für den weit verbreiteten Gini-Koeffizienten genutzt wird. Dabei wird die Bevölkerung nach Einkommen in vier Gruppen eingeteilt: die unteren 25 Prozent (A), die unteren 50 Prozent (B), die unteren 75 Prozent (C) und insgesamt 100 Prozent (D). Dann wird die relative Einkommensverteilung dieser Bevölkerungsgruppen ermittelt (wenn Einkommen die relevante Größe ist). Wenn nun in einem ersten Szenario jeweils ein Viertel der Bevölkerung über die abstrakte Einkommensmenge <1,2,3,4> verfügt, dann bedeutet das in der Lorenz-Dominanz: A hat zehn Prozent des Einkommens, B hat dreißig Prozent, C hat sechzig Prozent und D natürlich einhundert Prozent. Wenn in einem zweiten Szenario ein Viertel jeweils über <2,2,2,4> verfügt, dann bedeutet das in der Lorenz-Dominanz: A hat zwanzig Prozent, B hat vierzig Prozent, C sechzig Prozent und D natürlich wieder einhundert Prozent. Die zweite Verteilung ist dann eindeutig gerechter als die erste, weil sowohl A als auch B besser gestellt sind. Allerdings wird C schlechter gestellt, so dass dieses Ergebnis aus der Pareto-Perspektive nicht akzeptabel wäre.

Letztlich glaubt Sen, dass auch dieser Ansatz die Gerechtigkeitskriterien Priorisierung, Gleichheit und Akkumulation nicht auf vollständig kohärente Weise zusammenbringt. Es ist nicht nötig, dies weiter nachzuvollziehen. Allerdings sollte deutlich geworden sein, wie technisch und schwierig es wird, präzise Kriterien anzugeben, um einander ähnliche gesamtgesellschaftliche Zustände als mehr oder weniger gerecht zu vergleichen. Vielleicht ist es sogar unmöglich. Genau diese Problematik führt Sen jedenfalls in seinen späteren Arbeiten dazu, nicht nach einem absolut gerechten gesellschaftlichen Zustand zu suchen, sondern schrittweise Gerechtigkeitsverbesserungen in bestimmten gesellschaftlichen Bereichen zu befürworten (vgl. dazu Kap 3.1).

Ein anderes und sehr folgewirksames Ergebnis von Sens Beschäftigung mit Theorien gleicher Gerechtigkeit aus Perspektive der Sozialwahltheorie besteht in einer einfachen Frage: Gleichheit von was eigentlich?[53] Sen hat festgestellt, dass es nicht einfach nur um die Gleichheit von Geld, Ressourcen oder Gütern gehen kann, aber auch nicht um die Gleichheit von Nutzen oder subjektivem Glück. Gegen die erste Gruppe von Kandidaten spricht, dass verschiedene Menschen mit Geld, Gütern und Ressourcen Unterschiedliches anfangen können. Gegen die zweite Gruppe von Gütern spricht, dass es Menschen in ihrem Leben eben nicht nur um Nutzen und Glück geht, wie der erweiterte Rationalitätsbegriff von Sen gezeigt hat. Sen beantwortet die Frage nach der »Gleichheit von was eigentlich« mit Fähigkeiten. Es geht darum, dass Menschen die gleichen Fähigkeiten haben, von ihnen gewünschte Zustände zu erreichen. Dieser Gedankengang bildet eine weitere Grundlage seines Fähigkeitenansatzes.

1.4 Ethik und Ökonomie

In den vorhergehenden Abschnitten dieses Kapitels ging es nicht darum, die Sozialwahltheorie und die zentralen Beiträge von Sen zu dieser teilweise sehr theoretischen und mathematisierten Disziplin der Wirtschaftswissenschaft umfassend darzustellen. Dies ist im Rahmen einer allgemeinen Einführung in das Werk von Sen kaum möglich, weil es dazu weitreichender Kenntnisse ihrer mathematischen Grundlagen bedürfte.[54] Stattdessen sollte es darum gehen aufzuzeigen, wie ausgerechnet dieser abstrakte und mathematisierte Zugriff auf die ökonomische Theorie Sen dazu gebracht hat, ethische Überlegungen systematisch in sein Verständnis von Wirtschaftstheorie zu integrieren.

Erstens hat Sen gezeigt, dass sich auf der Grundlage der herkömmlichen Rationalitätsbegriffe der Ökonomie keine Präferenzen aggregieren und entsprechend auch keine Aussagen über bevorzugte gesellschaftliche Zustände treffen lassen. Die auf tatsächlichen Entscheidungen beruhende Theorie der rationalen Wahl ist nicht in der Lage, die wirklichen Präferenzen der Menschen abzubilden. Ihre Marktentscheidungen bringen diese Präferenzen nicht zum Ausdruck, wie Sen gezeigt hat. Die auf egoistischen Präferenzen beruhende Theorie der rationalen Wahl hingegen macht inakzeptable Annahmen über die Präferenzstrukturen von Menschen. Beispielsweise vernachlässigt sie den Unterschied zwischen Sympathien und Verpflichtungen und ist daher nicht in der Lage, Präferenzen und eventuell weitere Entscheidungsgrundlagen zu berücksichtigen, die auf Werten oder der Zustimmung zu Regeln beruhen.

Dieses Ergebnis ist unbedingt zu berücksichtigen, wenn Ökonomen wirtschaftspolitische Empfehlungen abgeben, wie es beispielsweise in Deutschland die sogenannten Wirtschaftsweisen regelmäßig tun. Selbst wenn diesen Ökonomen zugestanden wird, dass sie die funktionalen Zusammenhänge zwischen makroökonomischen Prozessen durchschauen können, was natürlich selbst auch bezweifelt werden mag, sind sie nicht in einer ausgezeichneten normativen Position, um gesamtgesellschaftliche Empfehlungen abzugeben.[55] Sie kennen die relevanten Präferenzen der Menschen nicht und wissen daher auch nicht, welche gesellschaftlichen Zustände von diesen Menschen beispielsweise als mehr oder weniger gerecht bevorzugt würden.[56]

Zweitens hat Sen mit seinem Liberalen Paradox gezeigt, dass es leicht zu Widersprüchen zwischen verschiedenen Prinzipien der Aggregation von individuellen Präferenzen kommen kann. Das Pareto-Prinzip ist nicht mit einem denkbar schwachen Prinzip individueller Freiräume vereinbar. Es bedarf vielmehr einer Einschränkung und Hierarchisierung dieser Prinzipien. Das ist jedoch nur von einem normativen Standpunkt aus möglich, mit dessen Hilfe derartige Abwägungen gerechtfertigt werden können. Hier zeigt sich deutlich, dass die Wohlfahrtsökonomie in einen größeren gerechtigkeitstheoretischen Zusammenhang eingeord-

net werden muss und nicht ohne normative Überlegungen aus-
kommt, wie viele Ökonomen meinen.[57]

Drittens hat Sen gezeigt, dass zu einfach gestrickte Gerechtigkeitstheorien nicht tatsächlich bevorzugte Gesellschaftszustände
ermitteln. Man darf den angestrebten gerechten Gesellschaftszustand also nicht der Schönheit einer Theorie opfern. Stattdessen
plädiert Sen dafür, Suffizienz und Gleichheit mit Priorisierun-
gen abzugleichen. Außerdem argumentiert er dafür, eine breite
Informationsbasis zur Bewertung von mehr oder weniger gerechten Gesellschaftszuständen heranzuziehen, also nicht nur Nütz-
lichkeitsvergleiche anzustellen und nicht nur Gütermengen zu
vergleichen. Vielmehr seien Fähigkeiten und erreichte Zustände
in einem viel weiteren Sinne zu vergleichen.

Die Tatsache, dass die Ökonomie und insbesondere die Wohlfahrtsökonomie nicht ohne normative und insbesondere nicht
ohne gerechtigkeitstheoretische Überlegungen auskommen, hat
Sen dazu gebracht, noch zwei weitere Dogmen der ökonomischen
Theorie infrage zu stellen. Erstens argumentiert er, dass sich die
Präferenzen von Menschen ändern können. Dies ist einmal der
Fall, wenn sich Menschen neuen Situationen anpassen müssen
und veränderte Handlungsmöglichkeiten haben. Stark benachteiligte Menschen ohne realistische Chance auf eine Verbesserung
ihrer Situation passen ihre Präferenzen oft ihren schlechten Zuständen an, um wenigstens ein wenig Glück erfahren zu können,
wie Sen sagt.[58] Präferenzen ändern sich zudem auch durch vernünftige Argumentationen, gerade weil Menschen nicht nur ihr
eigenes Wohlergehen verfolgen, sondern sich an Regeln und Normen, also öffentlichen Gründen orientieren.[59] Dies bringt Sen
dazu, in späteren Arbeiten die Demokratie als öffentlichen Austausch vernünftiger Argumente systematisch in seine Gerechtigkeitsüberlegungen zu integrieren.

Das zweite Dogma der Ökonomie, mit dem Sen auf der Grundlage seiner Verbindung von Ethik und Ökonomie bricht, ist der Verzicht auf interpersonale Nutzenvergleiche. Lionel Robbins hatte in den 1930er Jahren argumentiert, dass kardinal gewichtete interpersonale Nutzenvergleiche wissenschaftlich nicht erreicht werden können.[60] Es ist also vom wissenschaftlichen ökonomischen Standpunkt aus nicht möglich zu sagen, wie viel Nutzen ein Laib Brot für einen reichen Menschen und wie viel Nutzen er für einen armen Menschen besitzt. Das Problem besteht darin, dass sich keine vollständige Rangordnung aller Nutzenvergleiche herstellen lässt und diese Vergleiche daher nie widerspruchsfrei ausfallen.

Genau dieser Punkt hatte dazu geführt, dass man in der ökonomischen Theorie nur noch mit Theorien der rationalen Wahl gearbeitet und das Pareto-Optimum zum zentralen Kriterium für den Vergleich von sozialen Zuständen erhoben hat.[61] Doch diese radikale Beschränkung hat die ökonomische Theorie und insbesondere die Wohlfahrtstheorie und Entwicklungsökonomie für praktische Zwecke so gut wie wertlos gemacht, so argumentiert Sen.[62] Denn das Pareto-Optimum entspricht nicht unseren vielfältigen rationalen Präferenzen, es lässt sich selbst mit einem minimalen Verständnis individueller Freiheit nicht vereinbaren und es steht in einem eklatanten Widerspruch zu unseren basalen Gerechtigkeitsintuitionen.

Sen plädiert daher dafür, interpersonale Vergleiche doch zuzulassen und unvollständige Rangordnungen von mehr oder weniger zu bevorzugenden sozialen Zuständen zu erlauben. Dies verbindet er mit seiner Kritik an der ökonomischen Fixierung auf Nutzen und seinem Plädoyer für eine erweiterte Informationsbasis. Letztlich sollen Freiheiten und Freiräume vernünftiger Akteure, die selbst über ihr Leben bestimmen wollen und können, miteinander verglichen werden. Dies ist eine dezidiert normative Perspektive, weil nur so bestimmbar ist, welche Kriterien für die interpersonalen Vergleiche und wohlfahrtsökonomische Entscheidungen wichtig sind. Den Fähigkeitenansatz hat Sen ursprünglich entwickelt, um eine objektive Informationsbasis für normativ offene interpersonale Vergleiche bereitzustellen. Nebenbei sei bemerkt, dass Sen zudem glaubt, auch das Unmöglichkeitstheorem von Arrow lasse sich auf diese Weise auflösen.[63]

Doch auf welcher normativen Grundlage beruht der von Sen vorgeschlagene interpersonale Vergleich? Letztlich glaubt Sen, dass es um Lebensqualität in einem sehr weiten Sinne geht, nämlich die individuelle Freiheit, ein gelingendes Leben zu führen. Menschen müssen erstens die Freiheit haben, eine eigene vernünftige Vorstellung vom gelingenden Leben zu entwickeln, und sie müssen zweitens die Freiheit haben, die nötigen Fähigkeiten zu entwickeln, um diese Vorstellung verwirklichen zu können. Es soll dann verglichen werden, über welche diesen Zwecken dienlichen Fähigkeiten verschiedene Menschen verfügen.[64]

Diese Perspektive führt Sen zu einer Kritik am Utilitarismus als Grundlage der Wohlfahrtsökonomie und zu einer anderen Theorie der konsequentialistischen Ethik.[65] Er schreibt dem Utilitarismus drei Grundannahmen zu, von denen er zwei ablehnt: Erstens konzentriert sich der Utilitarismus auf Wohlfahrt (*welfarism*). Das bedeutet, dass Zustände ausschließlich danach bewertet werden, welchen Nutzen sie bringen, wobei Nutzen als Zufriedenheit, Freude, Glück oder etwas Derartiges interpretiert werden kann. Zweitens interessiert sich der Utilitarismus nur für die Gesamtsumme von Nutzen (*sum-ranking*). Demnach ist es irrelevant, wie Nutzen verteilt ist – solange der Gesamtnutzen in einem Zustand höher ist als in anderen, ist dieser Zustand auch zu bevorzugen. Drittens ist der Utilitarismus konsequentialistisch (*consequentialism*). Er bewertet Entscheidungen nur danach, welche guten oder schlechten Zustände sie bewirken.

Aus den vorhergehenden Abschnitten sollte deutlich geworden sein, warum Sen die ersten beiden Annahmen ablehnt. Erstens ist Wohlfahrt nicht die einzige Erwägung, die Menschen wichtig ist. Es ist daher weder für sie individuell noch für gesellschaftliche Entscheidungen rational und gewiss nicht moralisch geboten, ausschließlich die Wohlfahrt zu maximieren. Zweitens kann Maximierung der Summe zu sehr ungerechten Ergebnissen führen, weil sie weder Suffizienz-, Prioritäts- noch Gleichheitserwägungen berücksichtigt. Es kommt eben nicht nur auf die Aggregation, sondern auch auf die Distribution an, so argumentiert Sen in seinen Gerechtigkeitsüberlegungen, wie wir in Abschnitt 1.3 gesehen haben.

Sen akzeptiert allerdings den dritten Punkt des Konsequentialismus. Es geht darum, die Fähigkeit der Menschen zu maximieren, die von ihnen auf vernünftige Weise gewählten Zustände auch zu erreichen. Entscheidungen sind nach diesen Konsequenzen zu bewerten. Allerdings handelt es sich dabei um ein sehr inklusives Verständnis von Konsequentialismus, das sogar Rechte anerkennen kann. Dies liegt daran, dass Menschen in ihren Entscheidungen die Rechte anderer als normativ bedeutsam anerkennen können, wie Sen in seiner Auseinandersetzung mit der *rational choice theory* gezeigt hat. Es macht dann für sie einen Unterschied, auf welche Weise sie gewünschte Zustände erreichen, und sie können es ablehnen, dies auf der Grundlage von Rechtsverletzungen zu tun. Rechte verletzt zu haben ist dann gewissermaßen Teil des erreichten Zustandes, der genau deswegen unerwünscht ist.[66]

Sen verdeutlicht diesen Punkt an einem eindrücklichen Beispiel: Wenn jemand für die Präsidentschaft eines demokratischen Landes kandidiert, dann hat sie das Ziel, Präsidentin zu werden. Das ist der von ihr gewünschte Zustand, den sie zu erreichen trachtet. Es kann für sie aber einen Unterschied machen, ob sie die Präsidentschaft durch faire Wahlen oder einen Wahlbetrug erreicht. Eine auf Wahlbetrug beruhende Präsidentschaft kann sie durchaus ablehnen, weil dabei die politischen Rechte der Wählerinnen und der Mitbewerber verletzt werden. Der von ihr gewünschte Zustand schließt ein faires Verfahren und die damit verbundenen Rechte mit ein.[67]

Zusammenfassend lässt sich sagen, dass Sen mit diesen Überlegungen zum Konsequentialismus nicht nur die normative Grundlage für seine weiteren Arbeiten zu Freiheit und Entwicklung und insbesondere zur Ausarbeitung des Fähigkeitenansatzes sowie zu seiner Gerechtigkeitstheorie geschaffen hat. Er hat auch eine eigene Position zu dem Verhältnis von deontologischer Ethik, die auf klar bestimmten Pflichten und Rechten beruht, und konsequentialistischer Ethik, die auf erreichte Zustände abzielt. Seiner Meinung nach sind beide Theoriestränge auf recht pragmatische Weise miteinander vereinbar. Stets geht es um die Freiheit der Menschen, nämlich die Freiheit, gewünschte Zustände zu erreichen, und die Freiheit, dabei pflichtgemäß zu handeln und die Rechte anderer berücksichtigen zu können bzw. die eigenen Rechte geschützt und nicht verletzt zu sehen.[68]

2. Entwicklung und Freiheit

Viele Wissenschaftler, Journalisten, Entwicklungsethiker und andere interessierte Akteure beschäftigen sich mit Amartya Sen als Gerechtigkeitstheoretiker und verstehen seinen Fähigkeitenansatz vor allem als eine Art von Gerechtigkeitstheorie. Das vordringliche Forschungsfeld von Sen war und ist jedoch stets die Entwicklungsökonomie geblieben. Diese zentrale Stellung und das große Interesse an Fragen der Entwicklung sind sicherlich auch biografisch bedingt. An mehreren Stellen in seinen Büchern erzählt Sen diese prägende Geschichte aus seiner Kindheit:

»Eines Nachmittags – ich muss etwa zehn Jahre alt gewesen sein – spielte ich im Garten unseres Hauses in Dhaka, der heutigen Hauptstadt von Bangladesch, als ein Mann herzzerreißende Schreie ausstoßend und heftig blutend durch unser Tor gelaufen kam. In seinem Rücken steckte ein Messer. Es waren die Tage der Volksunruhen, in denen Hindus und Moslems sich gegenseitig umbrachten, was schließlich zur Teilung Indiens und der Unabhängigkeit Pakistans führte. Der niedergestochene Mann, er hieß Kader Mia, war ein moslemischer Tagelöhner, der für ein paar Pfennige im Nachbarhaus arbeitete und auf der Straße vom Mob in unserem überwiegend von Hindus bewohnten Viertel angefallen worden war. Während ich ihm zu trinken gab, die Erwachsenen im Haus laut um Hilfe herbeiriefen und mein Vater ihn eilends ins Krankenhaus schaffte, erzählte Kader Mia, seine Frau habe ihn angefleht, in diesen unruhigen Zeiten ein so gefährliches Viertel zu meiden. Kader Mia blieb jedoch keine Wahl, er musste Arbeit suchen, weil seine Familie nichts zu essen hatte. Die Strafe für seine wirtschaftliche Unfreiheit war der Tod.«[69]

Wenn Kader Mia die Möglichkeit gehabt hätte, sein Grundein-kommen auf andere Weise zu verdienen, dann hätte er nicht in den feindlichen Stadtteil gehen müssen und er wäre nicht getö-tet worden. Entwicklung rettet Leben und fehlende Entwicklung tötet, so betont Sen immer wieder.[70]

Dies ist das Grundmotiv der entwicklungsökonomischen Ar-beiten von Sen, die zugleich die Grundlage für seinen berühm-ten Fähigkeitenansatz und seine Gerechtigkeitstheorie bilden. Gleichzeitig stehen sie aber auch in einem engen Zusammenhang mit seinen Überlegungen zur ökonomischen Wohlfahrtstheorie und Sozialwahltheorie. Dieser Punkt wird häufig übersehen. Es ist aber wichtig, diesen ökonomischen Hintergrund seiner bekann-teren Arbeiten zum Fähigkeitenansatz zu verstehen. Die Sozial-wahltheorie von Sen und seine kritische Auseinandersetzung mit der standardmäßigen Wohlfahrtstheorie haben seinen Fähigkei-tenansatz entscheidend geprägt.[71] Außerdem hatte dieser Aus-gangspunkt wesentliche Auswirkungen auf seine normative Posi-tion eines pluralistischen Konsequentialismus als Alternative zu einer bloß utilitaristischen oder bloß deontologischen Ethik.

Im nächsten Abschnitt wird es um die Zusammenhänge zwi-schen Entwicklungsökonomie, Wohlfahrtstheorie und Sozialwahl-theorie gehen. Erst in dem darauf folgenden Abschnitt wird der Fähigkeitenansatz ausführlich vorgestellt. Die Einführung des Fähigkeitenansatzes wird in den folgenden beiden Abschnitten anhand zweier Beispiele vertieft, mit denen sich Sen besonders intensiv beschäftigt hat: dem Problem des Hungers und der Hun-gersnöte sowie der Benachteiligung von Frauen weltweit und ins-besondere in Indien. Durch diesen Aufbau soll deutlich werden, warum Sen die menschliche Freiheit für das zentrale normative Prinzip der Entwicklung hält, warum er Freiheit sowohl prozedu-ral als auch substanziell versteht und was das genau bedeutet.

2.1 Freiheit als Ziel von Entwicklung

Die zentrale Frage, mit der sich Sen seine gesamte wissenschaftliche Laufbahn hindurch vordringlich beschäftigt, lautet: Wie ist eine ökonomische und soziale Entwicklung möglich, die die Lebensqualität der Menschen in einer Gesellschaft tatsächlich verbessert? Im Laufe seiner Beschäftigung mit dieser Frage hat er allmählich zu seinem spezifischen Freiheitsverständnis gefunden. Sein Buch *Ökonomie für den Menschen* heißt in der Originalausgabe von 1999 *Development as Freedom*, also »Entwicklung als Freiheit«. Sen meint damit, dass Freiheit zugleich das zentrale Mittel und das zentrale Ziel von wirtschaftlicher und ganz allgemein sozialer Entwicklung sei.[72]

Wie ist Sen zu dieser Ansicht gelangt? Ihren Ausgangspunkt hatten seine grundlegenden Überlegungen zum Verhältnis von Freiheit und Entwicklung in zwei wirtschaftswissenschaftlichen Fragestellungen, mit denen sich Sen zu Beginn seiner Karriere ausführlich beschäftigt hat. Zum einen ging er der Frage nach, wie Armut gemessen werden sollte.[73] Zum anderen beschäftigte er sich, wie im vorherigen Kapitel dargestellt, ausführlich mit Fragen der Sozialwahltheorie. In beiden Fällen ist er zu dem Ergebnis gekommen, dass sich die ökonomische Theorie jeweils auf eine ungenügende Informationsbasis stützt. In beiden Fällen schlägt er daher eine Erweiterung der Informationsbasis als Ansatz zur Problemlösung vor.

Auf diese Grundlage stützt sich seine Kritik an der klassischen Wohlfahrtstheorie als herkömmliche Grundlage der Entwicklungsökonomie.[74] Auch die Wohlfahrtstheorie arbeitet mit verkürzten und einseitigen Informationen. Daher kommt sie zu einer falschen Einschätzung der Entwicklung von Gesellschaften und gibt schlechte Empfehlungen für die Politik ab. Was genau hat Sen an der üblichen ökonomischen Wohlfahrtstheorie aus-

zusetzen? Spätestens seit den Arbeiten des englischen Wohl-
fahrtsökonomen Arthur Pigou am Anfang des 20. Jahrhunderts,
wenn nicht bereits seit den Arbeiten von James Mill etwa hundert Jahre früher, orientiert sich die Wohlfahrtstheorie explizit
an der utilitaristischen Moraltheorie.[75] Genau das, so Sen, ist ihr
zentrales Problem.

Wie bereits am Ende des vorherigen Kapitels gesehen, schreibt
Sen dieser utilitaristisch geprägten Wohlfahrtstheorie drei Merkmale zu: 1. Wohlfahrtspolitik ist an ihren Konsequenzen zu messen (*consequentialism*); 2. Wohlfahrt besteht in der Steigerung von
Nutzen (*welfarism*); 3. Bei Wohlfahrt geht es um die Steigerung
des Gesamtnutzens einer Gruppe (*sum-ranking*).[76] Die erste Eigenschaft hält Sen für angemessen, wenn es um eine Wohlfahrtstheorie geht. Es lohnt sich jedoch, die schwerwiegenden Argumente von Sen gegen den Utilitarismus (die zweite und dritte
Eigenschaft) mit Bezug auf die Entwicklungs- und Wohlfahrtsökonomie noch einmal zu wiederholen, weil sein eigener Fähigkeitenansatz auf dieser Kritik beruht.

Seine erste Kritik lautet, dass Menschen in dieser Theorie nur
Träger dessen sind, was wirklich als wertvoll erachtet wird, nämlich Nutzen. Dabei kommt es nicht darauf an, was genau unter
Nutzen zu verstehen ist. Es geht dann gar nicht um die Menschen selbst als autonome Wesen, so lautet die Kritik, sondern
nur um abstrakte Nutzenfunktionen und ihre Maximierung. Damit schließt sich Sen einer in der Moralphilosophie verbreiteten
Kritik am Utilitarismus an, wie sie beispielsweise auch John
Rawls formuliert hat.[77] Dies ist übrigens auch der Grund dafür,
dass Sen für ein weites Verständnis von Konsequentialismus plädiert, welches nicht nur Endzustände berücksichtigt, sondern
auch Rechte einschließt. Normalerweise wird der deontologischen
Moraltheorie zugeschrieben, moralisch richtige und falsche Hand-
lungen nur von der Erfüllung von Pflichten und nicht von den

Konsequenzen dieses richtigen Handelns abhängig zu machen. Der Konsequentialismus in seiner engen Variante hingegen stellt nur auf Folgen und nicht auf Pflichterfüllungen ab. In seinem weiten Verständnis von Konsequentialismus versucht Sen, diesen Gegensatz zu überwinden, indem er den Respekt vor der Autonomie eines Menschen und seinen Rechten in die Konsequenzen einer Handlung mit einschließt.[78]

In einer zweiten Kritik an der utilitaristischen Wohlfahrtstheorie stellt Sen heraus, dass Nutzen in keiner Spezifizierung einen geeigneten Maßstab für Wohlergehen abgibt. Der Grund dafür ist die Subjektivität von Lust, Glück und Präferenzen. Sen erläutert sein Argument am Beispiel von Menschen, denen es objektiv an Lebensqualität mangelt, die sich aber subjektiv mit ihrer Lage arrangiert haben, um in ihrem Leben wenigstens ein wenig Glück zu erfahren. Damit spricht er ein Phänomen an, das er Jon Elster folgend mit dem Begriff der »adaptiven Präferenzen« beschreibt.[79] Menschen passen ihre Präferenzen, ihr Lustempfinden und ihre Glücksvorstellungen ihrer tatsächlichen Lebenslage an, wie schlecht diese auch sein mag.

Es sind oft politische, philosophische oder religiöse Ideen, die Menschen dazu bringen, ihre schlechte Lage zu akzeptieren und ihr Glück im Rahmen des Gegebenen zu suchen. Wenn diese Ideen die Menschen dazu drängen, sich mit ihrer Lage zufriedenzugeben, ohne diese kritisch zu hinterfragen, so lässt sich noch hinzufügen, dann werden sie zu Ideologien. Demgegenüber müsste es darauf ankommen, kritisch zu hinterfragen, ob sich an den schlechten Lebensbedingungen der Menschen etwas ändern lässt, und wenn ja, wie das möglich ist. Das darf nicht einfach nur von subjektiven Vorstellungen der Betroffenen abhängen, sondern muss an einem stärker objektiven Maßstab von Lebensqualität orientiert sein.[80]

Damit will Sen allerdings nicht sagen, dass sich auf allgemein-verbindliche und rein wissenschaftliche Weise feststellen lässt, worin die Lebensqualität aller Menschen besteht. Er akzeptiert vielmehr die Idee, dass es viele verschiedene Vorstellungen vom gelingenden Leben und von Lebensqualität gibt. Zugleich gibt es allerdings auch mehr oder weniger vernünftige Vorstellungen dazu, und Sen geht es darum, vernünftige Vorstellungen von Lebensqualität zu berücksichtigen. Das kann über die unreflektierten subjektiven Vorstellungen der Betroffenen hinausgehen. Menschen in sehr schlechten Lebenslagen fehlen oft die Zeit und die Bildung, um ihre Lage kritisch hinterfragen und vernünftig evaluieren zu können. Außerdem fehlen ihnen die nötigen Informationen darüber, welche Alternativen sie haben.

Das Ergebnis dieser kritischen Überlegungen lautet: Die klassische Wohlfahrtstheorie verwendet nicht die richtige Informationsbasis, wenn sie ökonomische Entwicklung und die Lebensqualität von Menschen bewerten will. Daher ist es angezeigt, nach einer alternativen Informationsbasis zu suchen, um zu einer besseren Bewertung und zu besseren Politikansätzen zu kommen. Auf seiner Suche nach solch einer Alternative argumentiert Sen noch gegen drei andere Ansätze, die er für inadäquat hält: einen einfachen Güteransatz, den stärker differenzierten Güteransatz von John Rawls und einen auf Grundbedürfnissen beruhenden Ansatz.[81]

Der einfache Güteransatz ist in der Wirtschaftstheorie weit verbreitet. Er beruht auf der sehr simplen Annahme, dass sich die Entwicklung einer Gesellschaft in ihrem Wohlstand zeigt und sich in ihrer Gütermenge messen lässt. Daher wird oft das Bruttoinlandsprodukt eines Landes, also die Gesamtmenge der produzierten Güter und Dienstleistungen, herangezogen, um zu bestimmen, wie gut dieses Land entwickelt ist. Je mehr Wachstum es in einem Land gibt, desto besser geht es ihm, so die klare Devise.[82] Dieser Ansatz lässt sich durchaus mit der utilitaristischen Wohlfahrtstheorie in Verbindung bringen, wenn man davon ausgeht, dass diese Güter und Dienstleistungen den Nutzen der Bevölkerung des jeweiligen Landes steigern.

Tatsächlich fällt dieser einfache Güteransatz aus der Perspektive von Sen aber sogar noch hinter die Wohlfahrtstheorie zurück. Entsprechend harsch fällt seine Kritik an diesem herkömmlichen Wachstumsmodell aus. Zwar gesteht er zu, dass ein wesentlicher Vorzug des Ansatzes in seiner leichten Handhabbarkeit und entsprechend großen Praktikabilität besteht. Das Bruttosozialprodukt lässt sich relativ gut ermitteln und mathematisch eindeutig darstellen, wodurch sich die Wachstumsentwicklung verschiedener Länder und Regionen leicht vergleichen lässt.[83] Doch dieser Vorteil gleicht die massiven Nachteile nicht aus. Sen nennt drei Gründe gegen den einfachen Güteransatz.

Er verweist erstens darauf, dass Güter immer nur ein Mittel zur Verbesserung der Lebensqualität sind und niemals das Ziel selbst sein können. Dabei stellt er sich in die Tradition von Aristoteles:

»Die Grundidee des aristotelischen Ansatzes in seiner Kritik [dagegen] besteht in der Idee, dass Reichtum, Einkommen und Besitztümer gerade nicht an sich gut sind. Wie sehr die Leute auch damit beschäftigt sind, sie anzuhäufen, [...], was sie am Ende tatsächlich besitzen, ist nur ein Haufen Zeug. Ein nützlicher Haufen, aber dennoch nur ein Haufen; ein Haufen, der keine Bedeutung hat, es sei denn, er wird für das Sein und Tun der Menschen verwendet.«[84]

Der zweite Kritikpunkt beruht auf dem ersten und verweist auf den Umstand, dass verschiedene Menschen ihre Güter und Dienstleistungen unterschiedlich gut nutzen können. Eine schwangere oder stillende Frau etwa braucht im Durchschnitt mehr

Nährstoffe als die meisten anderen Frauen. Schon bei diesem einfachen Beispiel nennt Sen mindestens sechs relevante Einflüsse auf die individuelle Fähigkeit eines Menschen, gegebene Lebensmittel für die eigenen Zwecke einzusetzen: Unterschiede im Metabolismus, in den Körpermaßen, im Alter, Geschlecht, Aktivitätsgrad, bei Krankheiten, beim Zugang zu medizinischer Versorgung und beim Wissen über gesunde Ernährung.[85]

Der dritte Kritikpunkt ergänzt den zweiten. Nicht nur individuelle, sondern auch soziale Bedingungen beeinflussen die Fähigkeit eines Menschen, Güter und Dienstleistungen für die eigenen Zwecke zu gebrauchen. So hängt es beispielsweise von sozialen Bedingungen ab, ob vorhandene Güter ausreichen, damit jemand in der Öffentlichkeit angemessen gekleidet auftreten kann. Sen zitiert dazu häufiger eine Passage bei Adam Smith:

»Unter lebenswichtigen Gütern verstehe ich nicht nur solche, die unerlässlich zum Erhalt des Lebens sind, sondern auch Dinge, ohne die achtbare Leute, selbst aus der untersten Schicht, ein Auskommen nach den Gewohnheiten des Landes nicht zugemutet werden sollte. Ein Leinenhemd ist beispielsweise, genau genommen, nicht unbedingt zum Leben notwendig. Griechen und Römer lebten, wie ich glaube, sehr bequem und behaglich, obwohl sie Leinen noch nicht kannten. Doch heutzutage würde sich weithin in Europa jeder achtbare Tagelöhner schämen, wenn er in der Öffentlichkeit ohne Leinenhemd erscheinen müsste. Denn eine solche Armut würde als schimpflich gelten, in die ja niemand ohne eigene Schuld geraten kann, wie allgemein angenommen wird. Ebenso gehören heute in England Lederschuhe aus Lebensgewohnheit unbedingt zur notwendigen Ausstattung. Selbst die ärmste Person, ob Mann oder Frau, würde sich aus Selbstachtung scheuen, sich in der Öffentlichkeit ohne Schuhe zu zeigen.«[86]

Der einfache Güteransatz scheitert also grandios, so zeigt Sen. John Rawls, dessen Arbeiten Sen sehr bewundert, hat jedoch einen Güteransatz entwickelt, der einige Schwächen des einfachen

Güteransatzes vermeidet. Erstens akzeptiert er, dass Güter keinen intrinsischen Wert besitzen, sondern die Menschen individuell entscheiden sollten, wie und wofür sie ihre Güter verwenden. Zweitens erweitert er den Güterbegriff substanziell, um einem kruden Warenfetischismus zu entgehen. Er nennt sieben Grundgüter: Rechte, Freiheiten, Macht, Chancen, Einkommen, Vermögen und Selbstachtung.[87] Sen hält diesen Ansatz für deutlich besser als den einfachen Güteransatz. Er entgeht zudem auch der Kritik an der Wohlfahrtstheorie, weil Rawls unter anderem auch Rechte und Freiheiten unter die Grundgüter subsumiert. Dennoch bleibt eine wesentliche Kritik bestehen, so behauptet Sen.

Es ist einer der Kritikpunkte an der einfachen Gütertheorie, nämlich die fehlende Berücksichtigung der Variabilität in der Fähigkeit, Güter für die eigenen Zwecke nutzen zu können. Martha Nussbaum schreibt dazu im Sinne von Sen:

»Die Grundgüter verschiedener Menschen zu vergleichen ist nicht dasselbe wie der Vergleich der Freiheiten, die sie tatsächlich besitzen, auch wenn zwischen beiden ein enger Zusammenhang bestehen kann. Grundgüter sind ein Mittel zur Freiheit, aber sie bilden nicht das Ausmaß der Freiheit ab, weil die Menschen über unterschiedliche Fähigkeiten verfügen, Grundgüter in die Freiheit umzuwandeln, ihre jeweiligen Ziele zu verfolgen.«[88]

Sen und Nussbaum sind sich einig, dass es bei Entwicklung stärker um positive Freiheit gehen muss, als der Grundgüteransatz von Rawls das zulässt. Es reicht nicht, dass der Zugang zu bestimmten Grundgütern frei ist. Vielmehr muss sichergestellt sein, dass Menschen individuell über die nötige Menge an Grundgütern verfügen, um in gleichem Maße ihre vernünftigen Ziele erreichen zu können. Die eigentlich wichtige Vergleichsgröße sind also diese realen Freiheiten und nicht nur Grundgüter. Jede Theorie, die sich für wirtschaftliche Entwicklung und Lebensqualität interessiert, muss sich daher auf diese Informationsbasis stützen, so argumentiert Sen.[89]

Rawls hingegen glaubt, dass dieses ehrgeizige Ziel einer Bewertung der tatsächlichen individuellen Freiheit nicht erreicht werden kann, weil es dafür eine umfassende Moraltheorie brauche. Solch eine Theorie hält er jedoch für unangemessen, da sie paternalistisch wäre und außer Acht lässt, dass es einen vernünftigen Pluralismus von Vorstellungen des guten Lebens gibt. Stattdessen plädiert Rawls für eine politische Konzeption von Gerechtigkeit – und die muss sich auf Grundgüter beschränken, so nimmt er an.[90] Sen hingegen argumentiert, dass sich auch sein Fähigkeitenansatz als Grundlage für eine pluralistische und politische Theorie der Gerechtigkeit eignet bzw. mit solch einer Theorie verbunden werden kann.[91] Um diesen Punkt wird es im nächsten Kapitel ausführlich gehen.

In Bezug auf Fragen der Entwicklung ist es allerdings wichtig, bereits jetzt hervorzuheben, dass Sen genau aus denselben Gründen wie Rawls auf Freiheit und nicht auf erreichtes Wohlergehen abzielt, wie es die Wohlfahrtstheoretiker sonst üblicherweise tun. Es geht Sen, genauer gesagt, um die Entwicklung der Freiheit, die je eigene Vorstellung vom guten Leben tatsächlich realisieren zu können. Dabei muss eine Pluralität von Vorstellungen des guten Lebens möglich sein. Dies gilt allerdings nur, insofern diese Vorstellungen auch vernünftig sind, so schränkt Sen ein. Damit meint er vor allem und im klassischen liberalen Sinne, dass diese Vorstellungen eines Menschen die Freiheiten anderer Menschen genauso berücksichtigen müssen wie die eigenen. Aus diesen Gründen bezieht Sen Entwicklung schlussendlich auf Freiheit und nicht auf Wohlfahrt.

Es gibt noch einen vierten normativen Ansatz als Grundlage der Entwicklungspolitik und Entwicklungsökonomie, den Sen kritisiert. Dieser Ansatz beruht auf Grundbedürfnissen. Viele Anhänger des Fähigkeitenansatzes sehen große Ähnlichkeiten zwischen den beiden Ansätzen. Dennoch hat Sen vier kritische Punkte vorzubringen. Dem Philosophen und Entwicklungsethiker David Crocker zufolge kann der Grundbedürfnisansatz möglicherweise mit diesen Kritikpunkten umgehen.[92] Dann wären der Fähigkeitenansatz und der Grundbedürfnisansatz kaum voneinander verschieden bzw. miteinander vereinbar. Doch wie lauten die Kritikpunkte von Sen? Und welche Reaktionen darauf sind möglich?

Die erste Kritik wiederholt den Vorwurf der mangelnden Berücksichtigung individueller Unterschiede, den Sen auch schon gegen die anderen Ansätze erhoben hat. Anders als der auf den Gesamtnutzen abstellende Ansatz der Wohlfahrtstheorie und der Güteransatz können die Grundbedürfnisse verschiedener Menschen jedoch individuell ermittelt werden. Der Ansatz der Grundbedürfnisse kann also über die nötige Sensibilität für individuelle Unterschiede verfügen. Der zweite Kritikpunkt besteht darin, dass dieser Ansatz Gefahr läuft, einem Warenfetischismus oder dem utilitaristischen Subjektivismus zu verfallen.[93] Dies trifft jedoch nur dann zu, wenn Grundbedürfnisse mit Gütern oder mit Nutzen in Verbindung gebracht werden, was nicht der Fall sein muss.

Die dritte Kritik besteht darin, dass es bei diesem Ansatz nur um basale und zumeist physische Grundbedürfnisse geht. Daraus ergeben sich zwei Probleme. Erstens entsteht durch die Definition von Grundbedürfnissen ein politischer Anreiz, die Grundbedürfnisse nur ganz knapp zu erfüllen, zum Beispiel nur eine minimale Schulbildung zu gewähren und darüber hinaus nichts mehr zu leisten.[94] Zweitens werden andere wichtige Dinge wie politische Beteiligung und Achtung ausgeklammert.[95] Doch Grundbedürfnisse können natürlich auch deutlich offener und viel weit reichender verstanden werden, als Sen es zulässt, so dass diese beiden Probleme nicht entstehen müssen.

Der vierte Kritikpunkt schließlich spricht ein Problem an, mit dem der Bedürfnisansatz nicht gut umgehen kann. Dieser Ansatz sagt nämlich nichts darüber, wie die Bedürfnisse von Menschen erfüllt werden. Daher besteht die Gefahr, dass betroffene Akteure bloß passive Rezipienten bleiben und nicht zu den Akteuren ihrer eigenen Entwicklung und Architekten ihrer Lebensqualität werden.[96] Dies ist für Sen ein wichtiges Argument, seinem Fähigkeitenansatz auch gegenüber dem Bedürfnisansatz den Vorzug zu geben. Der Fähigkeitenansatz misst dem Akteursstatus der betroffenen Menschen eine deutlich größere Bedeutung bei, als alle anderen Ansätze dies tun.

Es ist allerdings etwas bedauerlich, dass in der üblichen Bezeichnung »Fähigkeitenansatz« (*capability approach*) genau dieser Aspekt der Aktivität gar nicht zum Ausdruck kommt. Deswegen benutzt Sen selbst diese Bezeichnung auch nicht besonders häufig, und Crocker schlägt vor, von einem »freiheitsbezogenen Ansatz der Entwicklung« zu sprechen.[97] Was genau also ist unter diesem freiheitsbezogenen Fähigkeitenansatz zu verstehen?

2.2 Der Fähigkeitenansatz

Der Fähigkeitenansatz ist das wohl berühmteste Ergebnis der wissenschaftlichen Arbeiten von Sen. Anfangs unabhängig von ihr und später in enger Zusammenarbeit mit Martha Nussbaum hat er diesen Ansatz seit den 1980er Jahren entwickelt und kontinuierlich weitergeführt.[98] Sen und Nussbaum sind gewissermaßen die Eltern dieses inzwischen weit verbreiteten Ansatzes, und beide haben wesentlich zu seiner Ausarbeitung und Bekanntmachung beigetragen. Mittlerweile arbeiten zahlreiche Theoretiker und Praktiker mit dem Fähigkeitenansatz, und selbst auf die Weltbank und den IWF hat er wesentlichen Einfluss gehabt. Die Weltbank erstellt seit Längerem jährlich einen vom Fähigkeitenansatz inspirierten *Human Development Index*, der neben ökonomischen Indikatoren auch Gesundheits- und Bildungsindikatoren berücksichtigt.[99] Es gibt zudem eine *Human Development and Capability Association* und ein *Journal of Human Development*, das dem Fähigkeitenansatz verschrieben ist.

Was sind die besonderen Merkmale dieses Ansatzes? Und gelingt es ihm, wie er verspricht, die einseitige Informationsbasis der anderen Ansätze so zu erweitern, dass er wirklich eine Entwicklung der Lebensqualität zu erfassen erlaubt? Lassen sich auf dieser Grundlage tatsächlich bessere Politikempfehlungen formulieren? Eine Antwort auf diese Fragen kann nur eine Klärung der Grundbegriffe des Ansatzes liefern. Die zwei zentralen Begriffe des Ansatzes sind Funktionsweisen (*functionings*) und Fähigkeiten (*capabilities*). In der Variante von Sen spielt der Begriff des Handelns (*agency*) eine fast gleichrangige Rolle, wie sich später noch zeigen wird. Insbesondere für das Freiheitsverständnis von Sen als Ziel von Entwicklung ist Handeln von großer Bedeutung. Trotzdem lohnt es sich, mit einer Erklärung von Funktionsweisen und Fähigkeiten zu beginnen, weil sie den Ausgangspunkt und das Spezifikum des Fähigkeitenansatzes ausmachen.

Funktionsweisen. Mit Funktionsweisen sind einfach alle tatsächlich realisierten und vorhandenen Zustände und Tätigkeiten (*beings and doings*) eines Menschen angesprochen. Dazu gehören beispielsweise Zustände wie verheiratet oder ledig sein, gebildet und ausgebildet sein, Staatsbürger oder staatenlos sein, krankenversichert oder hilflos sein, und dazu gehören Tätigkeiten wie Arbeiten, Spielen, Lieben, Reisen, Kinder erziehen, Freundschaften pflegen, Philosophieren usw. Zustände lassen sich, wie man hier sieht, gut mit dem Hilfsverb »sein« ausdrücken und Tätigkeiten unmittelbar mit allen Tätigkeitswörtern, auch wenn natürlich andere Formulierungsweisen möglich sind. Man kann etwa sagen, dass jemand arbeitet oder eine Arbeit hat oder berufstätig ist, und dasselbe meinen.

Die Liste von Funktionsweisen eines Menschen ist geradezu beliebig lang und erscheint kaum abschließbar. Das macht den ersten Teil der enorm weiten Informationsbasis des Fähigkeitenansatzes aus, legt aber zugleich die Notwendigkeit einer Auswahl nahe. Immerhin lässt sich mit größerer Genauigkeit angeben, welche Funktionsweisen in einem bestimmten Zeitraum realisiert sind. So lässt sich beispielsweise von jemandem sagen, dass sie dieses Jahr arbeitet oder arbeitslos ist, auch wenn die Person zu dem Zeitpunkt der Aussage gerade schläft oder im Urlaub ist. Oder man kann sagen, dass jemand (eigentlich) viel spielt, auch wenn diese Woche gerade sehr arbeitsreich ist. Und von jemandem, der ständig vor dem Fernseher hockt, lässt sich bereits dann sagen, dass er relativ gut ausgebildet ist, wenn er auch ein Buch lesen könnte.

Fähigkeiten. Viele Funktionsweisen sind nicht realisiert, aber leicht realisierbar. Dann handelt es sich um Fähigkeiten. Wenn jemand keine Urlaubsreisen macht, weil sie das für Zeitverschwendung hält, aber jederzeit Urlaub nehmen und eine Reise machen könnte, dann verfügt sie über die Fähigkeit zu verreisen. Wenn jemand fernschaut, aber ein Buch neben sich liegen hat und hinreichend gut ausgebildet ist, dann verfügt er in dieser Situation über die Fähigkeit zu lesen. Wenn jemand unverheiratet ist, sich aber vor Heiratsangeboten kaum retten kann und auch sonst alle Parameter stimmen, dann verfügt sie über die Fähigkeit zu heiraten. Fähigkeiten sind also realisierbare Funktionsweisen, potenzielle oder latente Zustände und Tätigkeiten, könnte man auch sagen.[100]

Warum trifft Sen diese Unterscheidung zwischen Fähigkeiten und Funktionsweisen? Und warum sind es die Fähigkeiten, die dem Ansatz seinen Namen gegeben haben? Die zentrale Bedeutung der Unterscheidung verdeutlicht Sen an dem Beispiel eines Menschen, der keine Nahrung zu sich nimmt.[101] Es macht einen Unterschied, ob er fastet, sich in einem Hungerstreik befindet oder aus Mangel an Nahrungsmitteln (ver)hungert. In den ersten beiden Fällen hat dieser Mensch die Fähigkeit, Nahrung zu sich zu nehmen. Er hat sich freiwillig dafür entschieden, auf die Nahrungsaufnahme zu verzichten. In dem ersten Fall tut er dies möglicherweise für seine Gesundheit und im zweiten Fall vielleicht aus politischen Gründen. In dem dritten Fall hingegen hat dieser Mensch nicht die Fähigkeit, Nahrung zu sich zu nehmen. Er hat sich nicht freiwillig für den Verzicht auf Nahrungsaufnahme entschieden, sondern er muss hungern.

Wir bewerten die Fälle offensichtlich sehr unterschiedlich. Je nachdem, welche diätische Grundhaltung wir vertreten, finden wir das Fasten vernünftig oder unvernünftig. Ebenso ist es bei dem Hungerstreik: Abhängig von unserer politischen Haltung finden wir den Streik bewundernswert oder lächerlich. Jedenfalls besteht das Problem nicht in dem Umstand allein, dass diese beiden Personen keine Nahrung zu sich nehmen, weil sie das ja jederzeit könnten. Anders ist es in dem Fall der Hungernden. Sie kann keine oder nicht genug Nahrung zu sich nehmen, obwohl sie das aller Wahrscheinlichkeit nach unbedingt möchte. Der Unterschied zwischen einer Hungernden und einem Fastenden (einschließlich eines Hungerstreikenden) besteht also nicht in der Funktionsweise, sondern in den Fähigkeiten.

Dies ist der zentrale Punkt der Unterscheidung von Fähigkeiten und Funktionsweisen. Es wäre falsch, nur auf tatsächliche Funktionsweisen zu schauen, weil die Fähigkeiten ebenfalls von Bedeutung sind. Es macht einen Unterschied, ob ein reicher

Mensch bescheiden lebt oder ein armer Mensch jeden Cent umdrehen muss. Und für eine Atheistin kann es einen großen Unterschied machen, wenn jede Religionsausübung verboten wird. Ihr wird dann die Fähigkeit genommen, eine Religion anzunehmen, auch wenn sie zum Zeitpunkt der Freiheitsbeschneidung ohnehin dem Atheismus zuneigt und keine Absicht hegt, religiös zu werden. Nicht ihre Funktionsweise, sondern ihre Fähigkeiten werden eingeschränkt. Man kann daher auch sagen, dass der Freiheitsraum der Fähigkeiten größer ist als der Bereich der realisierten Fähigkeiten.

Es gibt noch einen weiteren Grund dafür, warum Fähigkeiten von besonderer Bedeutung sind. Ein Argument von Sen gegen alternative Ansätze besteht darin, wie wir im letzten Abschnitt gesehen haben, dass sie individuelle Unterschiede zwischen Menschen vernachlässigen. Sie konzentrieren sich zu sehr auf Mittel wie Güter und Ressourcen und vernachlässigen, dass Menschen unterschiedlich viel damit anfangen können. Die Unterscheidung von Funktionsweisen und Fähigkeiten erlaubt es, diesen Punkt einzufangen. Menschen sind in unterschiedlichem Maße *fähig*, Ressourcen und Güter in Funktionsweisen umzuwandeln. Zwischen Ressourcen bzw. Gütern und Funktionsweisen stehen also noch die individuellen Fähigkeiten.

Umwandlungsfaktoren. Sen unterscheidet dazu drei Kategorien von Umwandlungsfaktoren, von denen die Fähigkeit, Güter in Funktionsweisen umzuwandeln, abhängt.[102] Es gibt erstens persönliche Umwandlungsfaktoren, die von der Person selbst abhängen. Dazu gehören der Gesundheitszustand, das Geschlecht, der Bildungsstand, die Intelligenz, aber noch viel mehr, in vielen Gesellschaften z.B. auch die physische Attraktivität. Es ist wichtig zu betonen, dass diese Eigenschaften wirklich individuell zu betrachten sind. Im Durchschnitt brauchen Männer mehr Kalorien als Frauen. Aber eine hochschwangere Frau braucht mehr Kalorien als viele Männer, und dasselbe gilt für eine Frau, die aus gesundheitlichen Gründen Nahrungsmittel nicht gut in Kalorien umwandeln kann, beispielsweise aufgrund einer Schilddrüsenüberfunktion.

Zweitens gibt es soziale Umwandlungsfaktoren. Dazu gehören soziale Normen, das Rechtssystem, die politische Struktur, Machtstrukturen, traditionelle Praktiken und vieles mehr. Ob jemand die Ressource eines guten Studiums in einen tollen Job umwandeln kann, hängt beispielsweise auch vom Beziehungsnetzwerk der Familie ab. Drittens gibt es umweltspezifische Umwandlungsfaktoren. Das betrifft die natürliche, aber auch die menschlich geschaffene Umwelt, etwa das Wetter, die Straßenbeschaffenheit, den vorhandenen Wohnraum und vieles mehr. Ob jemand Saatgut in die Funktionsweise des Ernährtseins umwandeln kann, hängt auch von der Bodenbeschaffenheit und weiteren klimatischen Bedingungen ab. Ob eine Familie ihr Einkommen in die Funktionsweise eines geräumigen Wohnens umwandeln kann oder eher eingepfercht leben muss, ist durch die Menge des verfügbaren Wohnraums in Abhängigkeit der Nachfrage bedingt.

Das Zusammenspiel von Gütern, Fähigkeiten und Funktionsweisen mit den drei Umwandlungsfaktoren verdeutlicht Sen an einem einfachen Beispiel. Ob das Gut Fahrrad in die Funktionsweise Mobilität umgewandelt werden kann, hängt von allen drei Faktoren ab.[103] Ist jemand physisch in der Lage, Fahrrad zu fahren? Ist es für Frauen oder Manager in Anzügen sozial erlaubt, mit dem Fahrrad zu fahren? Gibt es Fahrradwege oder Straßen, die für Fahrräder benutzbar und hinreichend sicher sind? Hier ist zu betonen, dass es wiederum von individuellen Fähigkeiten abhängt, ob jemand auf diese Faktoren einwirken kann. Wenn der Bürgermeister einer Stadt passionierter Fahrradfahrer ist, kann er sich vielleicht über soziale Konventionen hinwegsetzen und zudem dafür sorgen, dass vernünftige Fahrradwege gebaut werden.

Die Besonderheit des Fähigkeitenansatzes im Vergleich zu den anderen Ansätzen sollte nun offensichtlich werden. Von der herkömmlichen Wohlfahrtstheorie hebt er sich dadurch ab, dass er Lebensqualität nicht auf einen engen Begriff von Nutzen als Glück oder Zufriedenheit oder etwas Derartiges reduziert. Lebensqualität hängt von den realisierten Funktionsweisen und den Fähigkeiten ab. Dabei liegt es an den Menschen selbst, für welche Funktionsweisen sie ihre Fähigkeiten nutzen. Dies ist ein weiterer Grund dafür, entwicklungs- und wohlfahrtsökonomisch vor allem auf Fähigkeiten zu schauen, weil die Menschen dann mehr Freiheiten haben, selbst zu wählen, welche Funktionsweisen sie mit ihren Fähigkeiten realisieren wollen.

Der Unterschied zu den Güteransätzen liegt darin, dass der Fähigkeitenansatz sich nicht nur auf sehr indirekte Mittel zur Steigerung der Lebensqualität bezieht, sondern stärker die Ziele in den Blick nimmt. Die Lebensqualität eines Menschen bestimmt sich durch seine Funktionsweisen und Fähigkeiten. Zwar sind Fähigkeiten auch Mittel zur Realisierung von Funktionsweisen, und Funktionsweisen können ebenfalls Mittel zur Realisierung von anderen Funktionsweisen sein. Aber die Lebensqualität eines Menschen bestimmt sich eben nicht nur aus den letzten und höchsten Zielen eines Lebens, sondern durch alle vorhandenen Fähigkeiten und Funktionsweisen, so argumentiert Sen.[104] Die Fähigkeit zu lesen beispielsweise kann Mittel zu einem anderen Zweck sein, etwa Spezialwissen zu erlangen. Die Tätigkeit des Lesens selbst kann aber auch Teil der Lebensqualität sein, weil sie Freude bringt. Güter hingegen sind immer nur Mittel und nicht Zwecke.[105]

Der Fähigkeitenansatz kann demzufolge mehr darüber sagen, über welche Lebensqualität ein Mensch oder eine Gruppe von

Menschen verfügt. Dies liegt gerade daran, dass nicht nur die Verteilung von Gütern wie beispielsweise Geld in den Blick genommen wird, sondern auch die Frage, über welche Fähigkeiten die Menschen jeweils verfügen und welche Funktionsweisen sie realisieren. Diese breitere Informationsbasis liefert eine bessere Grundlage für interpersonale Vergleiche, so argumentiert Sen. Daraus ergibt sich dann auch eine bessere Grundlage für entwicklungs- und wohlfahrtspolitische Empfehlungen. Die Politik muss folgende Perspektive einnehmen: Zuerst muss sie danach fragen, welche Funktionsweisen für eine höhere Lebensqualität zentral sind. Dann muss sie danach fragen, welche Fähigkeiten zur Realisierung dieser Funktionsweisen beitragen können. Ihre Aufgabe ist es dann, genau diese Fähigkeiten zu fördern.

An diesem Punkt stellt sich allerdings die Frage, was den Fähigkeitenansatz von einem Grundbedürfnisansatz unterscheidet. Geht es bei den für die Lebensqualität zentralen Funktionsweisen nicht um so etwas wie Grundbedürfnisse, zumindest im Bereich der entwicklungspolitischen Fragen? Um diese Frage zu beantworten, ist es wichtig, noch eine bereits angedeutete Erweiterung des Fähigkeitenansatzes hinzuzunehmen, nämlich den Aspekt des Handelns (*agency*), den Sen insbesondere in späteren Arbeiten betont und der in den Arbeiten von Nussbaum nicht dieselbe Prominenz besitzt. Die Rolle dieses Begriffs lässt sich gut in einem Vier-Felder-Schema darstellen, wie David Crocker es entwickelt hat:[106]

	Handeln (*agency*)	Wohlergehen (*well-being*)
Erreichtes Ergebnis (*achievement*)	Handlungserfolg (*agency achievement*)	Funktionsweisen (*functionings*)
Freiheit (*freedom*)	Handlungsfreiraum (*agency freedom*)	Fähigkeiten (*capabilities*)

Handeln: Fähigkeiten und Funktionsweisen beziehen sich also auf das Wohlergehen und daher auf Lebensqualität in einem engeren wohlfahrtstheoretischen Sinne. Handeln hingegen bezieht sich auf die Handlungsfreiräume und das erreichte oder verwirklichte Handeln in einem weiteren und über die eigene Wohlfahrt hinausgehenden Sinne.[107] Hier ist ein Ergebnis der sozialwahltheoretischen Auseinandersetzung von Sen mit dem Rationalitätsbegriff von großer Relevanz, das im ersten Kapitel diskutiert wurde. Dort hatte Sen argumentiert, dass die Ziele von Menschen nicht nur auf ihrem eigenen Wohlergehen, sondern auch auf anderen Werten beruhen.

Genau das soll mit Handeln angesprochen sein. Es geht darum, Handlungsziele verfolgen und erreichen zu können, die mit dem eigenen Wohlergehen nichts zu tun haben, sondern dem sogar widerstreiten können. Wenn sich eine Freiheitskämpferin in einem totalitären Staat für die Befreiung aus der Unterdrückung einsetzt, dann muss das mit ihrem eigenen Wohlergehen nichts zu tun haben. Vielleicht entstammt sie der herrschenden Gruppe und könnte es sich in diesem Unrechtsstaat ganz gutgehen lassen. Wahrscheinlich setzt sie mit ihrem Freiheitskampf nicht nur ihre Gesundheit, sondern auch ihr Leben aufs Spiel.

Vor diesem Hintergrund trifft Sen die Unterscheidung zwischen realisiertem Handlungserfolg (*realized agency success*) und instrumentellem Handlungserfolg (*instrumental agency success*).[108] Für einen realisierten Handlungserfolg ist es egal, ob der Akteur selbst dazu etwas beigetragen hat. Wenn eine Freiheitskämpferin die Befreiung ihres Landes anstrebt und das Land tatsächlich befreit wird, allerdings ohne dass ihr Handeln irgendetwas Signifikantes dazu beigetragen hätte, dann stellt sich ein realisierter Handlungserfolg ein. Wenn ihr Handeln hingegen einen Beitrag geleistet hat, dann stellt sich ein instrumenteller Handlungserfolg ein.

Sen trifft diese Unterscheidung, um einer Kritik von Gerald Cohen zu entgehen. Diese Kritik besagt, dass sein Ansatz athletisch oder heroisch sei, weil die Akteure ihre Ziele immer selbst erreichen müssen.[109] Das will Sen mit der Unterscheidung von realisiertem und instrumentellem Handlungserfolg verneinen. David Crocker kritisiert an dieser Unterscheidung jedoch, dass es seltsam sei, auch dann noch von einem Handlungserfolg zu sprechen, wenn man selbst nichts dazu beigetragen hat. Besser sei es, zwischen dem Handeln anderer, direktem und indirektem Handeln zu unterscheiden.[110] Sen würde das wahrscheinlich akzeptieren. Denn es geht ihm bei *realized agency success* eher um einen realisierten Handlungs*ziel*erfolg. Im Fall der Freiheitskämpferin ist das Handlungsziel, für das sie gekämpft hat, auch dann erreicht, wenn ihr eigener Kampf dafür nicht von instrumenteller Bedeutung war.

Wichtiger ist demgegenüber ein anderer Hinweis von Crocker, nämlich dass es gerade wegen dieser Betonung von Handeln, das nichts mit dem eigenen Wohlbefinden zu tun hat, eigentlich unangemessen sei, von einem Fähigkeitenansatz zu sprechen. Besser sei es, diesen Ansatz als »freiheitsfokussierte Perspektive auf die Mittel und Ziele der Entwicklung« zu bezeichnen.[111] Crocker hat sicherlich recht mit seiner Behauptung, Sen gehe es nicht nur um Fähigkeiten und Funktionsweisen in Bezug auf Wohlergehen. Allerdings muss man Fähigkeiten und Funktionsweisen nicht so eng verstehen. Wenn man sie sowohl auf Wohlergehen als auch auf andere Lebensziele bezieht und sogar beides als Teil der Lebensqualität begreift, dann würden Fähigkeiten auch Handlungsfreiheiten und Funktionsweisen auch Handlungserfolge einschließen. Genau diesen Einwand hat Martha Nussbaum gegen die Unterscheidung von Handeln und Fähigkeiten bzw. Funktionsweisen formuliert.[112]

Etwas Ähnliches gilt dann für das Verhältnis zwischen dem Fähigkeitenansatz und einem an Grundbedürfnissen orientierten Ansatz. Wenn sich Grundbedürfnisse nicht nur auf das eigene Wohlergehen beziehen, sondern andere Handlungsziele einschließen, dann liegen diese beiden Ansätze wieder näher beieinander. Allerdings betont Sen, dass er sich nicht auf Grundbedürfnisse oder Grundfähigkeiten beschränken möchte. Zwar betont er in seinen entwicklungsökonomischen Arbeiten insbesondere zu Indien immer wieder die Bedeutung von Bildung, Gesundheit, Demokratie und Arbeit, aber er möchte sich nicht auf einen an Grundbedürfnissen oder Grundfähigkeiten orientierten Suffizienzansatz festlegen. Dies hat zwei Gründe: Erstens betont er die Notwendigkeit eines flexiblen Ansatzes. So verweist er auf die sehr niedrige Lebenserwartung von Afroamerikanern in den USA und argumentiert, dass man sehr spezifisch darauf achten muss, auf welchen Mangel an Fähigkeiten diese zurückzuführen ist.[113] Zweitens sieht er seinen Fähigkeitenansatz nicht nur als Grundlage für basale Entwicklung, sondern für Wohlfahrt und sogar Gerechtigkeit in einem viel weiteren Sinne, und das schließt eben auch egalitäre Überlegungen und nicht nur Suffizienzüberlegungen ein, wie wir im letzten Kapitel gesehen haben. Ein Grundbedürfnisansatz ist daher bestenfalls ein Teil des Fähigkeitenansatzes, aber macht keinesfalls die Gesamtheit dieses Ansatzes als auf Handlungsfreiräume und Fähigkeiten abstellende, also freiheitsorientierte Entwicklungs-, Wohlfahrts- und Gerechtigkeitstheorie aus.

Die Liste der Grundfähigkeiten. Dies leitet über zu einem wichtigen Unterschied zwischen Sen und Nussbaum. Sen scheut davor zurück, eine Liste von Grundfähigkeiten (*basic capabilities*) zu formulieren. Je nach Kontext betont er unterschiedliche Fähigkeiten, und obwohl Bildung, Gesundheit, Arbeit bzw. Marktteilnahme und demokratische Beteiligung in seinen entwicklungsökonomischen Arbeiten immer wieder eine wichtige Rolle spielen, will er sich darauf nicht festlegen. Nussbaum hingegen hat eine Liste von Grundfähigkeiten entwickelt und im Laufe der Jahre immer wieder überarbeitet. Neben kleineren Unterschieden in Detailfragen und Begrifflichkeiten macht das wohl den Hauptunterschied zwischen Sen und Nussbaum aus.[114]

Nussbaum nennt in einer aktuellen Version ihrer Liste zehn zentrale Fähigkeiten:[115]

1. Leben
2. Gesundheit
3. Körperliche Integrität
4. Sinne, Fantasie und Denken
5. Gefühle
6. Praktische Vernunft
7. Zugehörigkeit
8. Umgang mit anderen Arten
9. Spiel
10. Kontrolle über die eigene Umwelt

Diese Liste der zehn zentralen Fähigkeiten ist bewusst sehr allgemein gehalten, und wenngleich Nussbaum spezifiziert, was sie mit diesen zehn Fähigkeiten meint, legt sie doch großen Wert auf deren Allgemeinheit. Auf diese Weise soll einerseits betont werden, dass wirklich alle zehn Fähigkeiten für ein gelingendes Leben zentral sind. Andererseits soll verhindert werden, dass ihr Ansatz paternalistisch erscheint, also eine sehr kleine Gruppe von Vorstellungen des gelingenden Lebens anderen gegenüber auszeichnet und bevorzugt.

Es bleiben trotzdem zwei Gründe, warum Sen die Fähigkeitenliste von Nussbaum problematisch findet.[116] Erstens sollten die betroffenen Menschen selbst entscheiden, welchen Fähigkeiten sie welches Gewicht verleihen. Dies lässt sich nur in demokratischen Entscheidungsprozessen erreichen. Außerdem rechnet Sen mit Meinungsverschiedenheiten, denn nicht alle Menschen schätzen allein aufgrund vernünftiger Erwägungen die gleichen Fähigkeiten gleichermaßen wert. Nur durch öffentlichen Vernunftgebrauch lässt sich dann eine Einigung herstellen. Diese demokratieorientierte Position von Sen geht fraglos auf seine Arbeiten zur Sozialwahltheorie und die Schwierigkeit zurück, individuelle Präferenzen auch dann, wenn sie wohlerwogen und vernünftig sind, zu kollektiven Entscheidungen zu aggregieren.

Der zweite Kritikpunkt von Sen an der Fähigkeitenliste von Nussbaum hat mit deren Reichweite zu tun. Sen glaubt, dass für spezifische Kontexte auch verschiedene Fähigkeitenlisten erstellt werden müssen. Es hängt jeweils von den konkret verfolgten Zielen und von den tatsächlich vorhandenen Schwierigkeiten ab, welche Fähigkeiten vordringlich sind. Gemeinsam mit Jean Drèze hat er sich intensiv mit der ökonomischen Lage und Entwicklung in Indien auseinandergesetzt. Daraus ergibt sich eine andere Liste von zentralen Fähigkeiten, als sie die Auseinandersetzung mit der Rassendiskriminierung in den USA zustande bringen würde. In Indien sind fehlende Grundschulbildung, Benachteiligung der Frauen und absolute Armut besonders problematisch. In den USA sind es fehlende höhere Bildung, relative Armut und rassische Wohnsegregation. Der Effekt ist jedoch, dass die Lebenserwartung schwarzer Männer in den reichen USA nicht höher ist als diejenige indischer Männer in sehr armen Provinzen. Sen selbst fasst seine Kritik so zusammen:

»Mein eigenes Widerstreben gegen die Teilnahme bei der Suche nach solch einer kanonischen Liste entstammt zum Teil meiner Unfähigkeit zu sehen, wie genaue Listen und Gewichtungen ohne eine angemessene Spezifikation des Kontextes für ihren Gebrauch (der variieren kann) bestimmt werden können. Mein Widerstreben entstammt auch der Abneigung dagegen, irgendeine substantielle Schwächung im Zuständigkeitsbereich des öffentlichen Vernunftgebrauchs hinzunehmen. So wie ich den Bezugsrahmen der Fähigkeiten verstehe, hilft er dabei, den Gegenstandsbereich des öffentlichen Vernunftgebrauchs zu klären und zu erhellen. Das kann epistemische Fragen (was Ansprüche auf objektive Wichtigkeit einschließt), aber auch ethische und politische Fragen beinhalten. Dieser Bezugsrahmen ersetzt die Notwendigkeit eines öffentlichen Vernunftgebrauchs nicht und kann dies auch nicht tun.«[117]

Nussbaum hat auf derartige Einwände reagiert, indem sie ihren Ansatz nunmehr ebenfalls als politisch bezeichnet. Zwar folgt die Liste der Grundfähigkeiten aus ihrem Verständnis der Menschenwürde, und die Fähigkeiten auf der Liste sind notwendig für ein menschenwürdiges Leben, so dass sich eine Art Schwellenansatz ergibt. Die Grundfähigkeiten müssen unbedingt minimal erfüllt sein. Indem sie ihren Ansatz als politisch deklariert, gesteht Nussbaum zu, dass er kritischen Einwänden von jedermann gegenüber offen ist und sich weiterentwickeln lässt.[118] Allerdings weist sie zugleich darauf hin, dass eine empirische Studie von Jonathan Wolff und Avner de-Shalit ihre Liste bestätigt hat. Außerdem scheint Nussbaum daran festzuhalten, dass Positionen auch im öffentlichen und politischen Raum mit philosophischen Argumenten zu rechtfertigen und verteidigen sind, was ihrem Ansatz eine besondere Note gibt.[119]

Der öffentliche Vernunftgebrauch bei Sen ist demgegenüber vielleicht etwas weniger philosophisch und stärker demokratisch gedacht. Allerdings stellt sich durchaus die Frage, ob es bei der Klärung von Meinungsverschiedenheiten nicht doch eines konzeptionellen Rahmens bedarf, wie ihn Nussbaum mit ihrem Hinweis auf die Menschenwürde bereitstellt. Die Frage der Bedeutung einer Fähigkeitenliste und ihres argumentativen Status ist jedenfalls noch nicht abschließend geklärt. Es gibt offensichtlich

Gründe, die für die Position von Nussbaum sprechen, und Gründe, die für die Position von Sen sprechen. Vielleicht ist es möglich, eine Mischposition zu erreichen, indem die Fähigkeitenliste von Nussbaum vor allem eine heuristische, also orientierende Funktion zur Eröffnung einer öffentlichen Diskussion zugesprochen wird. Vielleicht ist jedoch auch eine andere Lösung dieser Meinungsverschiedenheit nötig.

Externe Kritik. Bei dieser Problematik handelt es sich jedenfalls um eine interne Diskussion unter den Befürwortern des Fähigkeitenansatzes. Der Ansatz hat jedoch auch externe Kritik auf sich gezogen, die zeigen soll, dass er sich weder als Grundlage für entwicklungspolitische Empfehlungen noch für gerechtigkeitstheorctische Überlegungen eignet. Es sind insbesondere zwei Kritikpunkte, die vorgebracht werden: Erstens wirkt der Ansatz machtvergessen. Er liefert keine Grundlage dafür zu bestimmen, wer verhindert oder dafür sorgt, wer welche Fähigkeiten entwickeln kann oder eben auch nicht. Zweitens erscheint der Ansatz nicht operabel, weil Fähigkeiten nicht oder nur sehr schlecht gemessen werden können. Wie etwa soll die Fähigkeit zu spielen oder zu fühlen quantitativ erfasst werden – und dann auch noch für große Gruppen von Menschen?

Der Vorwurf der Machtvergessenheit beruht auf dem Gedanken, dass der Ansatz von Sen zu idealistisch sei. Es handelt sich zwar nicht um eine Idealtheorie, wie wir im nächsten Kapitel diskutieren werden, weil es um eine schrittweise Verbesserung der gegenwärtigen Zustände geht. Aber der Ansatz von Sen sagt nur etwas darüber, in welche Richtung diese Zustände zu verbessern sind. Er sagt nichts darüber, wie sich erreichen lässt, dass diese Verbesserungen auch wirklich unternommen werden und welche politischen Hindernisse dabei bestehen. Der Ansatz ist dann, so lautet der Vorwurf, machtvergessen und daher unpolitisch. Denn in der Politik geht es immer darum, etwas auch gegen Widerstände durchzusetzen, und mit dieser Problematik beschäftigt sich Sen nicht.[120]

Dieser Vorwurf trifft einerseits zu. Andererseits würde Sen dem wahrscheinlich selbst zustimmen und antworten, dass dies einfach nicht das Anliegen seiner Theorie sei. Er adressiert vielmehr solche Akteure, denen tatsächlich an einer Verbesserung gelegen ist. Mit dem Fähigkeitenansatz liefert er diesen Akteuren ein Instrumentarium, um besser bestimmen zu können, was zu tun ist. Außerdem würde er wohl noch hinzufügen, dass er optimistischer ist, was die Vernünftigkeit und Gerechtigkeitsorientierung politischer Akteure betrifft. Es geht in der Politik eben nicht nur um einen Kampf um Macht, sondern Akteure sind auch an gerechten Zuständen interessiert. Das gilt insbesondere für demokratische Akteure, die an einer vernünftigen Auseinandersetzung über Meinungsverschiedenheiten orientiert sind. Es ist allerdings ziemlich fraglich, ob solch eine Antwort angesichts der Tatsache, dass weltweit relativ wenig echte Entwicklungszusammenarbeit geleistet wird, überzeugen kann. Diese Thematik wird im nächsten Kapitel noch einmal eine Rolle spielen, weil Sen sie in seiner Gerechtigkeitstheorie besonders stark gemacht hat.[121]

Das zweite Problem besteht aus zwei Teilen. Erstens sind alle möglichen Zustände und Tätigkeiten als Funktionsweisen und Fähigkeiten denkbar, so dass der Ansatz viel zu weit erscheint. Hinzu kommt, dass manche Tätigkeiten und Zustände unwichtig oder sogar schlecht sind. Martha Nussbaum und Elisabeth Anderson argumentieren deshalb, dass diese Fähigkeiten auch keine Rolle im Fähigkeitenansatz spielen sollten.[122] Die Antwort von Sen lautet jedoch, dass es dem demokratischen Prozess überlassen bleiben sollte auszuwählen, welche Fähigkeiten für gut und für wichtig erachtet werden. Die Gründe sind dieselben wie diejenigen gegen eine fixierte Liste von Fähigkeiten. Die Auswahl von Fähigkeiten beruht auf Wertungen, die nur im öffentlichen

Diskurs durch den vernünftigen Austausch von Argumenten geklärt werden können. Welche Fähigkeiten zentral sind, hängt zudem von den jeweiligen sozialen Kontexten ab.

Der zweite Teil dieses Problems hat damit zu tun, dass es nicht leicht ist, Fähigkeiten und Funktionsweisen zu messen, und es daher einen einfacheren und leichter operationalisierbaren Ansatz braucht wie beispielsweise die Messung des Bruttosozialprodukts. Dagegen lässt sich jedoch wieder die Kontextsensitivität des Fähigkeitenansatzes stark machen. Es geht nicht darum, alle möglichen Fähigkeiten mit größter Genauigkeit zu erfassen. Vielmehr reicht es in bestimmten Kontexten, bestimmte Fähigkeiten mit hinreichender Genauigkeit zu erfassen. Im entwicklungspolitischen Kontext geschieht das bereits, wie der *Human Development Index* oder die situationsspezifische Konkretisierung des Ansatzes durch Entwicklungsökonomen wie Sabina Alkire zeigt.[123] In anderen Kontexten befinden sich entsprechende Instrumente derzeit in der Entwicklung, wie zum Beispiel die Messung der Lebensqualität in entwickelten Ländern.[124] Der Fähigkeitenansatz verspricht hier, einen hohen Informationsgehalt mit einer durchaus vorhandenen Praxisfähigkeit zu verbinden.

Zusammenfassung. Entwicklung hat nicht nur ökonomische Verbesserungen, sondern die Freiheit des Menschen zum Ziel. Gleichzeitig wird dieses Ziel gerade dadurch erreicht, dass die Freiräume der Menschen ausgeweitet werden. So lässt sich die Kernbotschaft von Sens Fähigkeitenansatz zusammenfassen. Die Lebensqualität der Menschen besteht eben nicht nur aus ihren Zuständen und Tätigkeiten, also Funktionsweisen, sondern auch aus ihren vorhandenen, aber nicht realisierten Fähigkeiten. Außerdem zählen Handlungsfreiräume und erreichte Handlungsziele ebenfalls dazu. Alle vier Bereiche zusammen machen die Freiheit eines Menschen aus, eine selbstgewählte Vorstellung vom gelingenden Leben zu realisieren. Das ist es letztlich, was Lebensqualität bedeutet.[125]

Nach diesem Maßstab müssen auch ökonomische Institutionen wie beispielsweise Märkte bewertet werden.[126] Die allgemeine Diskussion pro und contra freie Märkte hält Sen daher für verfehlt. Vielmehr muss beurteilt werden, wie sehr die Regulierung oder Freiheit ganz verschiedener Märkte im Zusammenspiel mit anderen Institutionen zur Lebensqualität der betroffenen Menschen beiträgt. Wie genau solch eine Bewertung gelingen kann, lässt sich gut an zwei Beispielen zeigen, die Sen selbst ausführlich diskutiert hat: der Bedeutung der Demokratie und des Marktzugangs im Fall von Hungersnöten und der aktiven Rolle der Frau für eine nachhaltige Entwicklung.

2.3 Hungersnöte, Demokratie und Marktzugang

Ein gutes Beispiel für Sens eigene Anwendung des Fähigkeitenansatzes ist das Problem der Hungersnöte. Sen hat sich stets aus verschiedenen Perspektiven mit Fragen der Armut und des Hungers beschäftigt, beispielsweise mit der Frage, wie Armut zu messen ist und was die Ursachen für verschiedene Formen des Hungers sind.[127] Er legt großen Wert darauf, zwischen Armut, Hunger und Hungersnöten zu unterscheiden. Armut impliziert nicht Hunger. Und Hunger impliziert keine Hungersnot. Es gibt absolut arme Menschen, die nicht hungern müssen. Und es gibt chronischen Hunger ohne akute Hungersnöte. Die umgekehrte Implikation gilt hingegen durchaus: In Hungersnöten sind es die armen Menschen, die hungern müssen. Die Beschäftigung mit Hungersnöten ist also die Beschäftigung mit einem Spezialfall von Hunger und Armut.[128]

Es bietet sich an, die Bedeutung und Funktionsweise des Fähigkeitenansatzes am Beispiel der Hungersnöte darzustellen, weil dabei die besondere Verschränkung von normativen und empirischen Fragen in Sens Ansatz deutlich wird. Sen fragt danach, was die Ursachen für Hungersnöte sind und welche Faktoren Hungersnöte weniger wahrscheinlich machen, um auf diese Weise ermitteln zu können, welche Fähigkeiten Menschen brauchen, damit keine Hungersnöte auftreten. Dabei kommt er zu zwei äußerst interessanten und erklärungsbedürftigen Ergebnissen. Erstens müssen Hungersnöte nicht auf einen Rückgang und eine absolute Knappheit an Nahrungsmitteln zurückgehen. Zweitens stellt die Demokratie das effektivste Mittel zur Verhinderung von Hungersnöten dar.

Die Meinung, Hungersnöte entstünden deshalb, weil es in der betroffenen Region einfach nicht genug Nahrungsmittel gebe, um alle dort lebenden Menschen zu ernähren, ist noch heute weit verbreitet und besaß lange Zeit große wissenschaftliche Akzeptanz. Tatsächlich ist sie jedoch empirisch falsch, wie Sen an einer Reihe von Beispielen nachgewiesen hat, unter anderem der großen Hungersnot in Bengalen 1943/44, in Äthiopien 1972–74, in der Sahelzone 1968–74 und in Bangladesch 1974.[129] Zwar ging in diesen Fällen die Produktion von Nahrungsmitteln zurück, allerdings nicht so weit, dass nicht genug Nahrungsmittel für alle da gewesen wären. Wenn nicht die absolute Knappheit von Nahrungsmitteln zu einer Hungernot führt, dann stellt sich sofort die Frage, was sonst die Ursache dafür ist. Die systematische Antwort von Sen lautet, dass bestimmten Gruppen von Menschen die Fähigkeit fehlt, Nahrungsmittel zu erwerben, obwohl insgesamt betrachtet eigentlich genug Nahrungsmittel vorhanden sind.

Die zugrunde liegende Ursache sind veränderte Marktbedingungen, so dass sich diese Menschen keine oder nicht mehr genug Nahrungsmittel leisten können. Entweder ist ihre Kaufkraft zurückgegangen oder der Marktpreis von Nahrungsmitteln ist gestiegen. Oft ist beides der Fall. Sen macht das am Beispiel von Friseuren deutlich. Wenn die Ernte schlecht war, steigen die Preise für Nahrungsmittel auch dann, wenn genug Nahrungsmittel zur Ernährung aller Menschen der Region vorhanden sind. Vielleicht werden sogar Nahrungsmittel in eine andere Region geschafft, weil sie dort noch bessere Preise erzielen. Wenn die Menschen mehr Geld für Nahrungsmittel ausgeben müssen, dann müssen sie bei gleich bleibendem Einkommen an einer anderen Stelle sparen. Relativ leicht und viel leichter als andere Dinge lassen sich Haarschnitte einsparen. Man geht seltener oder gar nicht mehr zum Friseur. Die Einkommenseinbußen von Friseuren sind also hoch, und bei gestiegenen Nahrungsmittelpreisen, ja selbst bei gleich bleibenden Nahrungsmittelpreisen und anderen Gründen für das Sparverhalten müssen Friseure vielleicht bald hungern.[130]

Solchen Friseuren und anderen Menschen, die nicht genug Einkommen haben, um den Marktpreis der von ihnen benötigten Nahrungsmittel zu bezahlen, fehlt es an der Fähigkeit, sich zu ernähren. Ihnen fehlt diese Fähigkeit, weil ihnen eine andere und in der Marktwirtschaft zentrale Fähigkeit fehlt. Sie verfügen nicht über die Fähigkeit, mithilfe ihrer Arbeitskraft ein hinreichendes Einkommen zu generieren. Sen schließt daraus, dass die effektivste Methode, um Hungersnöte zu bekämpfen, darin liegt, allen Menschen genug Einkommen zu verschaffen, um den Marktpreis von Nahrungsmitteln bezahlen zu können. Eine Möglichkeit, dies zu erreichen, besteht in der Einrichtung eines Sozialstaats, wie wir ihn in Westeuropa kennen. Eine andere Möglichkeit besteht in einer nachfrageorientierten Marktpolitik. Diese Politik stärkt nicht die Angebotsseite, sondern unmittelbar die Nachfrageseite, also die Kaufkraft der Menschen. Wenn die Menschen mehr Geld zur Verfügung haben, können sie sich nicht nur Lebensmittel, sondern auch Friseurbesuche leisten. Sen schreibt: »Das zentrale Kriterium sollte die ökonomische Stärke und die substantielle Freiheit von einzelnen und Familien sein, genug

Nahrung zu kaufen, und nicht die im Land verfügbare Nahrungs-menge.«[131]

Die Beschäftigung mit Hungersnöten aus der Perspektive des Fähigkeitenansatzes führt Sen daher dazu, alle orthodoxen Markt-theorien abzulehnen. Weder ist es angezeigt, den Markt ganz sich selbst zu überlassen und gar nicht einzugreifen, noch ist es immer angemessen, die Angebotsseite zu stärken. Im Falle von Nahrungs-mitteln wäre die Wirkung viel zu langsam und indirekt. Stattdessen muss es darum gehen, den armen Menschen direkt mehr Einkom-men zu verschaffen. Dieses Ergebnis ist jedoch nicht zu verallge-meinern, sondern in jedem Einzelfall ist mit Blick auf die Fähig-keiten der betroffenen Menschen zu fragen, welche Marktpolitik geeignet ist. Auf diese Weise liefert der Fähigkeitenansatz einen normativen Maßstab zur Bewertung alternativer wirtschaftspoliti-scher Steuerungsmaßnahmen in konkreten Kontexten.[132]

Doch wie lassen sich im vorliegenden Fall der Hungersnot die Regierungen davon überzeugen, solch eine Politik im Diens-te der armen Menschen zu machen? Ihnen könnte es ja egal sein, dass ein Teil und auch noch ein besonders armer Teil ihrer Bevölkerung verhungert. Eine soziale Absicherung und nachfra-georientierte Marktpolitik könnte immerhin anderen Marktak-teuren und ihnen selbst zum Nachteil gereichen. Interessanter-weise, so argumentiert Sen, gibt es eine Regierungsform, der es geradezu eingeschrieben ist, sich für alle Teile ihrer Bevölkerung, auch die ärmsten Menschen, einzusetzen. Diese Regierungsform ist die Demokratie. In einer Demokratie hat es noch nie eine Hungersnot gegeben, so stellt Sen fest.[133] Demokratie ist also das beste Mittel, um den Menschen die Fähigkeit zu verschaffen, sich hinreichend zu ernähren und nicht der Unterernährung und dem Hunger ausgeliefert zu sein. Demokratien geben den Menschen die Freiheit, nicht hungern zu müssen, wie Sen das auch aus-drücken würde.

Zunächst ist es wichtig zu sehen, dass Sen nicht nur den instrumentellen Charakter von Demokratie als Mittel berücksichtigt, sondern sie auch als Teil der Entwicklung selbst begreift. Demokratie kann unmittelbar zur Lebensqualität der Menschen beitragen. Dies wird im nächsten Kapitel eine größere Rolle spielen. Hier geht es vor allem um die instrumentellen Vorteile der Demokratie. Es sind zwei Gründe, die dazu führen, dass Demokratien diese Aufgabe erfüllen. Erstens besitzen sie eine ganz zentrale Informationsfunktion und zweitens verfügen sie über eine ebenso wichtige Kontrollfunktion. Beide Funktionen nimmt die Demokratie wahr, weil Regierungen und oppositionelle Parteien darauf angewiesen sind, in regelmäßigen Abständen von der Bevölkerung wiedergewählt zu werden. Eine Demokratie geht zudem mit der Idee der allgemeinen Meinungs- oder zumindest Pressefreiheit einher. Wahlen und Pressefreiheit sind die beiden Mechanismen, die den Menschen die Fähigkeit geben, die Regierung über ihre Lage zu informieren und so zu kontrollieren, dass diese die gewünschten Maßnahmen ergreift.

Der erste Aspekt der Information hat damit zu tun, dass Regierungen oft zu spät erfahren, dass und warum Menschen in bestimmten Regionen dem Hunger ausgeliefert sind. Die Nahrungsmittelproduktion ist dafür kein verlässlicher Indikator, wie wir bereits gesehen haben. In einer Demokratie gehört es jedoch zum Geschäft der um die Regierungsmacht streitenden Parteien, über die Wünsche und dringlichen Bedürfnisse der Menschen Bescheid zu wissen, weil sie diese Information für ihren Wahlkampf benötigen. Sie verfügen dadurch über ein Informationsnetzwerk, das sie frühzeitig auf große Probleme wie fehlende Kaufkraft als erstes Signal einer drohenden Hungersnot hinweist. Weil sie diese Information schnell erhalten, verfügen sie auch über die Möglichkeit, mithilfe wirtschaftspolitischer Maßnahmen frühzeitig einzugreifen, was im Verlauf einer Krise immer schwieriger wird.[134]

Sogar Mao Zedong hat dies nach der gewaltigen Hungersnot in China in den Jahren 1959 bis 1961 offensichtlich eingesehen. Dieser infolge des »großen Sprungs nach vorn« entstandenen Hungersnot fielen zwischen zehn und vierzig Millionen Menschen zum Opfer, so dass sich Mao schließlich für bessere Informationsflüsse durch basisdemokratische Maßnahmen einsetzte. Allerdings vernachlässigte er den zweiten zentralen Aspekt der Demokratie, nämlich die Kontrolle, wie Sen scharf kritisiert.[135] Der Informationsfluss in der Demokratie kann nur dann die gewünschten Ergebnisse erbringen, wenn die Machthaber auch motiviert sind, die drohende Hungersnot frühzeitig und effektiv zu bekämpfen. Genau dafür sorgt die direkte Kontrolle einer demokratisch gewählten Regierung durch die Bevölkerung. Eine Regierung, die eine Hungersnot zulässt, hat dem Volk gegenüber auf der ganzen Linie versagt und wird gewiss nicht wiedergewählt werden, so argumentiert Sen. Das wissen die Machthaber natürlich auch und setzen sich daher massiv für die Verhinderung einer Hungersnot ein.

Die Argumentation von Sen erscheint nicht nur plausibel, sondern die Empirie scheint ihm auch recht zu geben, weil es in einer Demokratie in der Tat noch nie zu einer Hungersnot gekommen ist.[136] In anderen Regimen, in denen keine so direkte Kontrolle durch das Volk besteht, besitzen die Machthaber viel weniger Anreiz, sich für die Hungerleidenden einzusetzen. Das Ergebnis von Sen hat Aufsehen erregt und ist ein starkes funktionales Argument für die Demokratie. Allerdings ist Sen selbst sehr sorgfältig darum bemüht, das Ergebnis nicht überzubewerten. Demokratien verhindern zwar Hungersnöte, aber sie bieten keinesfalls eine Garantie, dass Menschen niemals hungern und in Armut leben müssen. Dafür bedarf es zusätzlicher institutioneller Arrangements.

Dennoch zeigt dieses Ergebnis zwei wichtige Eigenschaften des Fähigkeitenansatzes. Erstens liefert der Ansatz den Bezugsrahmen, um die richtigen Fragen zu stellen: Welche zentralen Fähigkeiten fehlen den Menschen tatsächlich? Wie lassen sich diese Fähigkeiten vermitteln? Und zweitens liefert er den Bezugsrahmen, um wirtschaftspolitische Maßnahmen im Speziellen und politische Maßnahmen im Allgemeinen zu bewerten: Sind diese jeweils wirklich geeignet, um den Menschen zu ihren zentralen Fähigkeiten zu verhelfen und dadurch ihre Freiräume zu vermehren? Diese wichtige Methodik des Fähigkeitenansatzes zeigt sich auch an einem anderen von Sen intensiv bearbeiteten Problem, nämlich der Benachteiligung von Frauen.[137]

2.4 Die aktive Rolle der Frau und ökonomische Entwicklung

Sen war und ist sich in seinen entwicklungsökonomischen Arbeiten stets der großen Benachteiligung von Frauen bewusst, und dies hat seinen Fähigkeitenansatz genauso geprägt wie die Zusammenarbeit mit Nussbaum, die als feministische Philosophin ebenfalls ein besonderes Augenmerk auf die Benachteiligung von Frauen richtet.[138] Auf besonders eindrückliche Weise hat Sen deutlich gemacht, wie groß die Benachteiligung der Frauen wirklich ist. Im Jahre 1986, so hat er festgestellt, »fehlten« auf der Welt mehr als 100 Millionen Frauen. Damit meint er, dass es ein starkes Missverhältnis zwischen der Zahl von Männern und Frauen in nicht-industrialisierten Ländern gibt. Ermittelt hat er dieses Missverhältnis, indem er das natürliche Geburtenverhältnis von Jungen und Mädchen zur Grundlage nahm und dann die Zahl der in industrialisierten und nicht-industrialisierten Ländern lebenden Frauen und Männer miteinander verglich.

In industrialisierten Ländern leben etwas mehr erwachsene Frauen als Männer, weil Männer riskanter leben und die Sterblichkeit von männlichen Kindern aus biologischen Gründen höher ist. In nicht-industrialisierten Ländern hingegen leben mehr erwachsene Männer als Frauen. Das führt Sen zu der Frage, was die Ursache für diesen Unterschied ist. Der Grund liegt nicht darin, dass weibliche Säuglinge getötet werden, das kommt kaum vor. Der Grund ist auch nicht allein, dass weibliche Föten abgetrieben werden, das kommt tatsächlich häufig vor, seitdem sich das Geschlecht vorgeburtlich ermitteln lässt. Aber die Zahl dieser Abtreibungen reicht nicht aus, um den großen Unterschied und die Zahl der fehlenden Frauen zu erklären. Vielmehr muss es Gründe für die höhere Frauensterblichkeit nach der Geburt geben.[139]

Sen erklärt diese höhere Frauensterblichkeit mit der systematischen Benachteiligung von Frauen in den betroffenen Gesellschaften und insbesondere Familien. Ein besonderes Problem besteht darin, dass die Verteilung von Ressourcen üblicherweise im Hinblick auf die Bezugsgröße der Familie und oftmals der Großfamilie bemessen wird. Dies vernachlässigt, dass diese Ressourcen innerhalb der Familie sehr ungleich verteilt sein können. Diese Familien verfügen dann als Familien durchaus über die nötigen Ressourcen, um sich hinreichend Nahrungsmittel und die erforderlichen Krankenhausbesuche leisten zu können. Das bedeutet jedoch nicht, dass die Frauen und insbesondere Mädchen auch hinreichend Zugang zu Gütern wie Nahrung und Krankenhausversorgung erhalten. Die Ressourcen der Familie übersetzen sich häufig nicht in die Fähigkeit der Mädchen, sich ernähren und für ihre Gesundheit sorgen zu können. Diesen Missstand konnte Sen aufdecken, weil er nicht einfach nur die Ressourcen der Familien, sondern die tatsächlichen Fähigkeiten der individuellen Mädchen und Frauen betrachtet.

Damit stellt sich natürlich die Frage, wie sich erreichen lässt, dass Frauen diese Fähigkeiten erhalten. Die Antwort von Sen lautet, dass Ressourcen nicht einfach unmittelbar an passive Frauen bereitgestellt werden sollten, sondern es vielmehr darauf ankommt, Frauen in ihrer aktiven Rolle zu stärken, indem ihr Handlungsfreiraum erweitert wird. Sie selbst nutzen diesen Handlungsfreiraum dann, um sich die nötigen Fähigkeiten und Funktionsweisen zu verschaffen. Dies ist der von ihnen angestrebte Handlungserfolg. Da ein Problem der Benachteiligung von Frauen damit zu tun hat, dass in vielen Ländern Mädchen und junge Frauen eine Familie viele Ressourcen kosten, sobald sie heiraten aber Teil einer anderen Familie werden, sind es vor allem zwei Maßnahmen, die wirksam sind, so argumentiert Sen.

Die erste Maßnahme besteht in der Bildung von Frauen, die gezielt verfolgt werden muss. Die zweite Maßnahme besteht darin, dass ihnen die Möglichkeit verschafft werden muss, selbstständig Geld zu verdienen und Einkommen zu generieren.[140] Dies stärkt vor allem die aktive Rolle der Frauen in der Familie, die dann wegen ihres Wissenszuwachses und ihrer verbesserten Stellung mehr Einfluss auf viele Entscheidungen und vor allem die Familienplanung nehmen können. Der indische Bundesstaat Kerala hat durch solche Maßnahmen die aktive Rolle der Frau gezielt verbessert. Das hatte den Effekt eines starken Rückgangs der Geburtenzahlen, und zwar ganz ohne drakonische und freiheitsraubende Maßnahmen wie jene der Ein-Kind-Politik in China. Mit einer Stärkung der aktiven Rolle der Frauen, so argumentiert Sen, lässt sich auch in demokratischen Strukturen und trotz Armut (denn Kerala ist kein reicher Bundesstaat) ein Rückgang des Bevölkerungswachstums erreichen.[141]

Die Stärkung der Frau hat, so zeigt sich hier, nicht nur positive Effekte für die Frauen selbst und ihre weiblichen Nachkommen. Durch eine stabile Bevölkerungsentwicklung hat sie auch positive Effekte für die gesamte Bevölkerung und einen insgesamt verbesserten Bildungsstand. Sie ist eine wichtige Grundlage für eine wirklich nachhaltige ökonomische Entwicklung. Sen selbst hat diese Ergebnisse nicht auf die Rolle der Frauen in industrialisierten Ländern übertragen. Aber in seinem Sinne lässt sich durchaus der Gedanke durchspielen, ob der Fähigkeitenansatz ein Argument für eine affirmative Stärkung von Frauen durch zeitlich begrenzte Quotierungen liefert. Auf diese Weise bekämen Frauen den nötigen Handlungsfreiraum, um sich selbst und anderen Frauen die Fähigkeiten zu verschaffen, die für bestimmte berufliche Funktionen nötig sind.[142]

Das Ergebnis dieser beiden Beispiele von Hungersnöten und Demokratie sowie der Stärkung der aktiven Rolle von Frauen lässt sich verallgemeinern. Es sind im Grunde drei Fragegruppen, deren Beantwortung für den Fähigkeitenansatz zentral ist und die sich mit seiner Hilfe beantworten lassen: 1. Was ist der konkrete Missstand, der zu beheben ist? Welche Funktionsweisen und Handlungsfreiräume bestehen nicht? 2. Was sind die fehlenden Fähigkeiten? Welchen Personen oder Personengruppen fehlen welche zentralen Fähigkeiten, um bestimmte Funktionsweisen zu erreichen? 3. Wie lässt sich erreichen, dass diese Personen und Gruppen die nötigen Fähigkeiten bekommen oder die nötigen Handlungsfreiräume erhalten, um sich diese Fähigkeiten selbst zu verschaffen? Es sollte offensichtlich sein, dass zur Beantwortung dieser Fragen normative und deskriptive Aspekte eng miteinander verwoben werden müssen, Ethik und Ökonomie also eng verzahnt sind.[143]

Der Fähigkeitenansatz beruht gleichermaßen auf empirischer Forschung und normativer Analyse, und das macht seinen besonderen Reiz aus. Er verspricht, den tatsächlichen Problemen und ihren Lösungsmöglichkeiten näherzukommen als solche Ansätze, die Normativität und empirische Forschung strikt auseinanderhalten und so tun, als hätten beide nichts miteinander zu tun.[144] Die in diesem und dem vorhergehenden Abschnitt diskutierten Beispiele sind zwei wichtige Beispiele für viele mögliche Anwendungsfelder des Fähigkeitenansatzes; zwei Beispiele, mit denen Sen sich selbst aktiv beschäftigt hat.

Es gibt mittlerweile eine Vielzahl anderer Anwendungsbereiche. Viele Autoren nutzen den Fähigkeitenansatz nach wie vor für entwicklungsökonomische und -politische Beiträge, wobei die Arbeiten von Sabina Alkire, David Crocker und Jean Drèze besonders hervorzuheben sind. Zugleich geht die Verbreitung des Fähigkeitenansatzes inzwischen weit darüber hinaus. So spielt er beispielsweise auch für Überlegungen zu den normativen Grundlagen einer differenzierten Eigentumstheorie eine wichtige Rolle, fließt in normative Auseinandersetzungen mit dem Gesundheitssystem ein und wird für die Nachhaltigkeitsforschung genutzt. Außerdem dient er im Kontext der Debatte um Wachstum und Postwachstum als Maßstab für eine neue und weitere Bemessung der erreichten Lebensqualität jenseits der bloßen Ermittlung des Bruttoinlandsprodukts, um nur einige Anwendungsfelder zu nennen.[145]

Auf diese Weise, so lässt sich schließen, ist der Fähigkeitenansatz in der Forschung inzwischen zu einem eigenständigen Ansatz für die Auseinandersetzung mit Gerechtigkeitsfragen geworden. Dies gilt ganz unabhängig davon, ob er von Anfang an so angelegt war, was sicher bei Nussbaum der Fall ist, oder stärker in Bezug auf entwicklungspolitische Fragen entwickelt wurde, was vielleicht bei Sen zutrifft. Jedenfalls erscheint es vor diesem Hintergrund nur angemessen, dass Sen vor wenigen Jahren eine eigene Gerechtigkeitstheorie vorgelegt hat, für die der Fähigkeitenansatz natürlich von besonderer Bedeutung ist.

3. Gerechtigkeit und Freiheit

Das zentrale Werk von Sen zum Thema Gerechtigkeit heißt »Die Idee der Gerechtigkeit«. Diesen Titel hat er nicht nur gewählt, weil »Eine Theorie der Gerechtigkeit« schon von John Rawls vorlag, sondern dahinter steckt sein Programm. Für Sen ist Gerechtigkeit eine regulative Idee, und eine Theorie der Gerechtigkeit muss seiner Meinung nach eine Theorie über die praktische Funktion dieser Idee für kollektive Entscheidungen sein. Seine Überlegungen zur Gerechtigkeit gehen also von den Grundsätzen der prozedural orientierten Sozialwahltheorie aus. Sen verdeutlicht seinen Ansatz, indem er zwei Traditionen der Gerechtigkeitstheorie voneinander unterscheidet, um sich dann selbst einer dieser Traditionen anzuschließen.

Die erste Tradition bezeichnet er als *transzendentalen Institutionalismus* und ordnet ihr Denker wie Thomas Hobbes, John Locke, Jean-Jacques Rousseau, Immanuel Kant und John Rawls zu. Dies ist die Tradition, die Sen ablehnt, obwohl sie heute, im Anschluss an Rawls, die unter Philosophen vorherrschende Form der Gerechtigkeitstheorie darstellt. Auch andere prominente Gerechtigkeitstheoretiker der Gegenwart wie Gerald Cohen, Ronald Dworkin, David Gauthier und Robert Nozick gehören dieser Tradition an.[146]

Demgegenüber steht eine andere Tradition, der er sich selbst zugehörig fühlt und die er als den *auf Verwirklichung konzentrierten Vergleich* bezeichnet. Ihr gehören so unterschiedliche Gerechtigkeitstheoretiker wie Adam Smith, Marquis de Condorcet, Jeremy Bentham, Mary Wollstonecraft, Karl Marx, John Stuart Mill und eben Amartya Sen selbst an.[147] Doch was unterscheidet diese beiden Traditionen voneinander? Und was ist der Grund für Sens grundsätzliche Entscheidung gegen die eine und für die andere Tradition?

3.1 Die Idee der Gerechtigkeit

Sen geht es in seinen theoretischen Bemühungen zur Idee der Gerechtigkeit vornehmlich um die Überwindung konkreter Ungerechtigkeiten. Dies ist das pragmatische Erbe seines ökonomischen und auf praktische Veränderungen ausgerichteten Denkens. Als Orientierung für die Überwindung konkreter Ungerechtigkeit ist der transzendentale Institutionalismus jedoch eine ganz unzweckmäßige und der auf Verwirklichung konzentrierte Vergleich eine ungleich besser geeignete Gerechtigkeitstheorie, so argumentiert er. Es sind vor allem zwei allgemeine Argumente, die Sen gegen den transzendentalen Institutionalismus stark macht. Erstens gelingt es diesem Ansatz nicht, angemessen mit dem vernünftigen Pluralismus verschiedener Werthaltungen umzugehen und diesen in seiner Theoriekonstruktion systematisch zu berücksichtigen. Zweitens – und dies ist für ihn der wichtigere Punkt – kann dieser Ansatz auf die praktische Frage, in welche Richtung ein ungerechter Zustand verbessert werden sollte, keine sinnvollen Antworten geben.

Der erste Einwand beruht auf der Annahme, dass auch in einer vernunftgeleiteten Auseinandersetzung eine vollständige Übereinkunft über die richtige Auffassung von Gerechtigkeit nicht gesichert ist. Vielmehr sind viele vernünftige Meinungsverschiedenheiten über die Grundsätze der Gerechtigkeit und ihr Verhältnis zueinander denkbar. Dies gilt auch für die angeblich auf einem vernünftigen Konsens beruhende Gerechtigkeitstheorie von John Rawls.[148] Rawls argumentiert in seiner Theorie der Gerechtigkeit, dass in einem gedachten Urzustand, von einem unparteilichen Standpunkt aus, alle Parteien zwei Gerechtigkeitsprinzipien wählen würden: Erstens gleiche Grundfreiheiten und zweitens die möglichst große Verteilung von Chancen und Gütern an die Schlechtestgestellten. Dabei kommt dem ersten Gerechtigkeitsprinzip absoluter Vorrang vor dem zweiten Prinzip zu.[149] Sen bezweifelt diese angebliche Eindeutigkeit in der vernünftigen Wahl von Gerechtigkeitsprinzipien und verdeutlicht dies an einem Beispiel.

In diesem Beispiel streiten sich drei Kinder um eine Flöte und führen unterschiedliche Argumente dafür an, dass sie mehr Anspruch auf die Flöte haben als die anderen Kinder. Das erste Kind verweist darauf, dass es im Gegensatz zu den anderen Kindern Flöte spielen kann. Das zweite Kind argumentiert, dass es viel ärmer als die anderen Kinder sei und im Gegensatz zu ihnen sonst überhaupt kein Spielzeug besitzt. Das dritte Kind stellt heraus, dass es diese Flöte in mühsamer Kleinarbeit selbst hergestellt hat.[150] Sen geht es bei diesem Beispiel nicht darum, für das Argument eines Kindes und gegen jene der anderen Kinder Partei zu ergreifen oder eine mehr oder weniger einvernehmliche Auflösung des Streits zu skizzieren. Vielmehr will er deutlich machen, dass sich die drei Kinder zwar auf sehr unterschiedliche Gründe berufen, aber zugleich für alle Positionen etwas spricht. Diese vernünftige Pluralität hält er für ganz unausweichlich und daher, so argumentiert er:

» [...] können Theoretiker unterschiedlicher Denkrichtungen, also Utilitaristen, ökonomische Egalitarier, Arbeitsrechtstheoretiker oder nüchterne Libertäre alle der Ansicht sein, dass es eine unkomplizierte gerechte und leicht zu findende Lösung gibt, aber sie würden sich jeder für eine andere offenkundig richtige Lösung einsetzen. Es kann sein, dass es tatsächlich keine erkennbare vollkommen gerechte soziale Regelung gibt, aus der eine unparteiische Einigung hervorginge.«[151]

Wenn es selbst auf sehr abstrakter Ebene unter Voraussetzung der Unparteilichkeit und vorurteilsfreier Überprüfung nicht möglich ist, Einigung über einen allgemeingültigen Standpunkt zu erzielen, dann muss man vielleicht nach einem alternativen Ansatz Ausschau halten. Genau für solch eine Alternative plädiert Sen mit seiner komparativen Perspektive, die auf konkrete Ungerechtigkeiten und verschiedene Möglichkeiten, diese zu beheben, abstellt. Sen argumentiert, dass für solch einen Vergleich kein absoluter Maßstab und keine Kenntnis eines vollkommen gerechten Zustandes nötig sind. Dies illustriert er an einem Beispiel aus der Kunstgeschichte. Um bewerten zu können, ob ein Bild von Dali ästhetisch wertvoller als ein Bild von Picasso ist, muss man nicht wissen, dass das beste Gemälde der Welt die Mona Lisa von Leonardo da Vinci ist. Für den Vergleich zwischen Dali und Picasso trägt die Mona Lisa nichts bei.[152]

Eine Rangordnung in Bezug auf einen vollkommen gerechten Zustand bringt uns auch in der Gerechtigkeitstheorie nicht weiter, wenn es um die Beseitigung konkreter Ungerechtigkeiten geht. Stattdessen sind Theorien der kollektiven Entscheidung und der Sozialwahl nötig, die uns dabei helfen, zwischen zwei Alternativen zur Beseitigung von Ungerechtigkeiten zu entscheiden. Dies muss auf Grundlage der tatsächlichen Werte und Prioritäten der betroffenen Personen geschehen, weshalb sich gerechtigkeitstheoretische Überlegungen auch nicht auf die Auswahl von Institutionen und idealen Regeln beschränken sollten. Vielmehr muss es nach Sen getreu seinem Fähigkeitenansatz immer um die tatsächlichen Freiheiten und Fähigkeiten der Menschen gehen. Dies illustriert er eindrücklich an dem Beispiel der

Abschaffung der Sklaverei durch den amerikanischen Bürgerkrieg.

Im amerikanischen Sezessionskrieg ging es nicht darum, eine vollkommen gerechte Gesellschaft zu schaffen, sondern es ging entschieden darum, die vollkommen ungerechte Institution der Sklaverei abzuschaffen. An diesem Beispiel zeigt sich deutlich, wie sehr Sens Theorie der Gerechtigkeit als regulative Idee von seinen vorhergehenden Arbeiten zur Sozialwahltheorie und seinem Fähigkeitenansatz beeinflusst ist. Sich für Gerechtigkeit einzusetzen bedeutet vor allem, sich dafür einzusetzen, dass die Lage der Menschen mit den wenigsten Freiheiten und Fähigkeiten verbessert wird. Wie dies praktisch gelingen kann, muss in konkreten Situationen auf Grundlage der Theorie des kollektiven Handelns entschieden werden. Genau diese praktische Orientierung macht für Sen die Überlegenheit eines *auf Verwirklichung konzentrierten Vergleichs* gegenüber einem *transzendentalen Institutionalismus* aus.

Auch in der indischen Antike findet Sen die Unterscheidung zwischen diesen beiden Typen von Gerechtigkeitsvorstellungen. Die Begriffe *niti* und *nyaya* bedeuten beide *Gerechtigkeit*. Aber *niti* versteht Gerechtigkeit rein als ein institutionell korrektes Verfahren und ein diesem untergeordnetes Verhalten. *Nyaya* hingegen zielt auf tatsächlich verwirklichte Gerechtigkeit ab, und für Sen realisiert sich diese, wie sich später noch zeigen wird, in den wirklichen Freiheiten der Menschen, die von ihnen gewünschten Funktionsweisen zu erreichen. Dieser Fokus entspricht zudem auch der Perspektive der Aktivisten, die gegen Ungerechtigkeit kämpfen, so meint Sen:

»Wenn Menschen überall auf der Welt sich für *mehr* globale Gerechtigkeit einsetzen – und ich betone ausdrücklich den Komparativ ›mehr‹ –, dann rufen sie nicht lautstark nach einer Art Minimum von humanitärem Verhalten. Sie agitieren auch nicht für eine ›vollkommen gerechte‹ Weltgesellschaft, sondern nur für die Abschaffung einiger empörend ungerechter Abmachungen [...].«[153]

Doch wie funktioniert die Methode des auf Verwirklichung konzentrierten Vergleichs genau? Sen orientiert sich bei seinem Vorschlag am Denken von Adam Smith und stellt dessen Figur des unparteilichen Beobachters den Ideen des Urzustandes und des Schleiers des Nichtwissens, die der transzendentale Institutionalist John Rawls entwickelt hat, gegenüber. Zunächst betont Sen, dass beide Positionen in Bezug auf den wichtigsten Gedanken der Gerechtigkeitstheorie einer Meinung sind. Dieser besonders wichtige Gedanke besteht darin, dass die Frage nach Gerechtigkeit und Ungerechtigkeit auf der Grundlage eines objektiv vernünftigen Verfahrens beantwortet werden muss.[154] Allerdings sind Smith und Rawls recht unterschiedlicher Meinung darüber, wie dieses Verfahren auszusehen hat, und Sen schließt sich eindeutig Smith an.

Dabei kann Sen der Position von Rawls eine ganze Menge abgewinnen und betont ausdrücklich, sehr viel von ihm und seiner Philosophie gelernt zu haben.[155] Besonders wichtig an der Theorie von Rawls findet er die herausgehobene Betonung der Fairness für Gerechtigkeit, wobei Fairness als Unparteilichkeit zu verstehen ist. Daraus ergibt sich nämlich die Notwendigkeit, faire Verfahren auf der Grundlage einer objektiven Vernunft zu etablieren. Neben diesem grundlegenden methodologischen Ansatz folgt er Rawls substanziell auch darin, dass die Menschen als mit moralischen Vermögen ausgestattet betrachtet werden sollten. Außerdem sollte die Freiheit der Menschen bei Gerechtigkeitserwägungen Priorität genießen, und es muss dabei stets um wirkliche und darf nicht nur um formale Freiheit gehen. Schließlich glaubt auch Sen, so wie Rawls, dass in Fragen der Güterverteilung, die am schlechtesten Gestellten in ihrer Notlage zuerst berücksichtigt werden sollten.

Allerdings moniert er, dass Rawls' Gerechtigkeitsprinzipien aufgrund von dessen transzendentaler Orientierung zu starr sind. So sollte beispielsweise nicht jede Freiheit immer einen absoluten Vorrang vor dringend nötigen Güterverteilungen haben. Dies gilt etwa bei Hunger- oder Naturkatastrophen. In solchen Notlagen könne es durchaus angemessen sein, die Freiheit des Eigentums zu verletzen, um viele Menschenleben zu retten. Ein anderes Problem besteht darin, dass Rawls die Schwierigkeiten unterschätzt, die entstehen, wenn Güter in Fähigkeiten und damit in wirkliche Freiheit konvertiert werden sollen. Beide Schwierigkeiten lassen sich jedoch beheben, ohne die Theorie grundsätzlich infrage zu stellen, beispielsweise indem diese um den Fähigkeitenansatz von Sen selbst ergänzt wird.

Viel entscheidender sind jedoch zwei andere grundsätzliche Probleme, die sich mit der Theorie von Rawls nicht mehr vereinbaren lassen und deutlich machen, warum man lieber dem Ansatz von Smith den Vorzug geben sollte. Das erste grundsätzliche Problem besteht darin, dass sich Rawls zu sehr auf Institutionen konzentriert und die Relevanz des tatsächlichen Verhaltens der Menschen unterschätzt. Das zweite grundsätzliche Problem hat damit zu tun, dass der Urzustand kein geeignetes vernünftiges Verfahren zur Ermittlung objektiver Gerechtigkeitsgrundsätze darstellt.

In dem Modell von Rawls einigen sich die Bürger eines Staates im Urzustand und unter dem Schleier des Nichtwissens auf eine institutionelle Grundstruktur ihrer Gesellschaft. Sobald das geschehen ist, passen sie ihr Verhalten diesem gedachten Gesellschaftsvertrag an und handeln nicht mehr auf engstirnige Weise egoistisch.[156] Genau diese Annahme hält Sen jedoch für unrealistisch. In der Wirklichkeit gibt es immer institutionelle Lücken und

Unzulänglichkeiten im individuellen Verhalten. Damit muss eine Gerechtigkeitstheorie umgehen können.

Das objektive Verfahren des Urzustandes, und das ist der für Sen besonders problematische Punkt, stellt ein Verfahren der geschlossenen Unparteilichkeit dar. Damit gehen drei Probleme einher: Erstens die ausschließende Nichtbeachtung Fremder und ihrer Interessen, zweitens die Unfähigkeit, Inkohärenzen in der Gruppenbildung zu erfassen, und drittens ein provinzieller Umgang mit Werthaltungen.

1. Die ausschließende Nichtbeachtung ist insbesondere im Kontext der globalen Gerechtigkeit ein Problem. Ein globaler Urzustand und Gesellschaftsvertrag ist ganz unrealistisch, weil entsprechende Institutionen derzeit nicht einmal im Ansatz denkbar sind. Werden Gesellschaftsverträge jedoch nur auf der Ebene einzelner Staaten auf Grundlage des Urzustandes ausgehandelt, so finden die Gerechtigkeitspflichten anderer Menschen gegenüber nicht genug Berücksichtigung.

2. Das Problem der Inkohärenz in der Gruppenbildung ist etwas vertrackt. Sen geht es dabei um Folgendes: Im Urzustand wird über die Grundstruktur der Gesellschaft entschieden, und diese Grundstruktur wiederum beeinflusst, wie die Bevölkerung dieser Gesellschaft beschaffen ist. Dies liegt beispielsweise daran, dass Heirats- und Kohabitationsverhalten sowie andere reproduktionsrelevante Faktoren von der Grundstruktur der Gesellschaft abhängen. Die jeweils aktuelle Bevölkerung müsste dann eigentlich ihrer Zusammensetzung nach im Urzustand repräsentiert werden. Das geht jedoch nicht, denn im Urzustand entscheidet sich ja überhaupt erst, wie die Bevölkerung tatsächlich strukturiert ist. Es lässt sich also gar nicht eindeutig bestimmen, wie die Zahl und Zusammensetzung der zu repräsentierenden Bevölkerung beschaffen ist. Der Urzustand als Darstellungsmittel kann dieses Problem der Unbestimmbarkeit nicht überwinden.[157]

3. Das dritte Problem, das des Provinzialismus, entsteht eben-falls aus der geschlossenen Struktur des Urzustandes als Verfah-ren. Der Urzustand beinhaltet keine methodologische Absiche-rung gegen die Vereinnahmung durch lokale Gruppenvorurteile. Es kann sein, dass sich eine lokale Gruppe aufgrund dieser Vor-urteile auf eine institutionelle Grundstruktur einigt, die aus glo-baler Perspektive alles andere als gerecht erscheint.

Die Konzentration auf Institutionen und die Geschlossenheit des Verfahrens der Unparteilichkeit hält Sen für die entschei-denden Gesichtspunkte, die Rawls' Theorie zu einem transzen-dentalen Institutionalismus machen. Dagegen führt er die Theorie des unparteilichen Beobachters von Adam Smith als hervorra-gendes Beispiel eines auf Verwirklichung konzentrierten Ver-gleichs an und ergänzt dies noch um eine Theorie kollektiver Entscheidungen. Die Figur des unparteilichen Beobachters hat nach Sen dem Urzustand von Rawls gegenüber vier zentrale Vorteile: Erstens ermöglicht sie vergleichende Einschätzungen von konkreten Gerechtigkeitsalternativen, zweitens ist sie auf soziale Verwirklichung ausgerichtet, gestattet drittens Unvoll-kommenheit bei der sozialen Einschätzung von Gerechtigkeits-fragen und ist viertens ein Verfahren offener Unparteilichkeit, weil sie Stimmen außerhalb der vertragschließenden Gruppe zu-lässt.[158]

Bei Smith stellt der unparteiliche Beobachter keine Kunstfi-gur dar, sondern hört in einem wirklichen Gespräch möglichst viele verschiedene Stimmen an. Dadurch wird es möglich, in einem offenen Verfahren auf Grundlage der verschiedenen Werthaltun-gen gemeinsam zu einer vernünftigen Einigung zu kommen. Dies setzt allerdings voraus, dass man Menschen mit anderen Standpunkten wirklich Gehör schenkt und ihre Argumente ernst-haft abwägt. Man muss sich durch einen offenen Dialog gemein-sam dem unparteilichen Standpunkt annähern. Dieses unparteiliche Verfahren ist immer auf konkrete Probleme bezogen und kann nicht die Frage einer vollkommen gerechten Welt insgesamt betreffen, weil dann gar kein praktischer Dialog mit möglichst vielen Betroffenen machbar wäre. Hier zeigt sich deutlich, warum Sen Gerechtigkeit als Idee zur Regulierung praktischer Dialoge über konkrete Handlungsalternativen versteht. Gerechtigkeit entsteht dadurch, dass diese Gespräche über Alternativen offen und unparteilich stattfinden. Dann sind sie fair und führen zu einer vernünftigen Einigung.

An diesem Punkt kommt Sens eigene Position zur Sozialwahl und zur Theorie kollektiver Entscheidungen ins Spiel. Wie wir im ersten Kapitel gesehen hatten, neigen Sozialwahltheoretiker aufgrund des Unvollständigkeitstheorems von Arrow zu der skeptischen Haltung, dass Kollektive nicht zu vernünftigen Entscheidungen fähig seien. Hier ist Sen jedoch anderer Meinung, denn für handlungsanleitende Entscheidungen sind keine vollkommenen, sondern nur hinreichende Verfahren notwendig. Dazu gehört es, in konkreten Entscheidungssituationen die verschiedenen Gerechtigkeitsansprüche der beteiligten Parteien präzise zu formulieren und in eine Rangordnung zu bringen. Das Ergebnis muss dann mit dem Verfahren des unparteilichen Beobachters kritisch geprüft werden. Damit diese Prüfung gelingen kann, ist es von entscheidender Bedeutung, dass möglichst viele Informationen vorliegen und möglichst viele interpersonale Vergleiche und Abwägungen relativer Vorteile vorgenommen werden.[159]

Letztlich geht es Sen also um einen auf wirkliche Verständigung ausgerichteten, fair und offen gestalteten Dialog, in dem über tatsächliche Fragen der Politik entschieden wird. Eine Theorie der Gerechtigkeit muss beschreiben, wie Gerechtigkeit als eine Orientierung gewährleistende Idee solche Dialoge praktisch regulieren kann. Auf globale Gerechtigkeit bezogen schreibt Sen:

»In der Welt von heute kommt der globale Dialog, der für globale Gerechtigkeit lebenswichtig ist, nicht nur durch Institutionen wie die Vereinten Nationen oder die WTO zustande, sondern auf viel breiterer Basis durch die Medien, durch politische Agitation, das Engagement von Bürgerbewegungen und NGOs, und durch soziale Arbeit, die nicht nur auf nationalen Identitäten fußt, sondern auch auf anderen Gemeinsamkeiten, etwa Gewerkschaftsbewegungen, kooperative Tätigkeiten, Menschenrechtsorganisationen oder feministische Aktivitäten.«[160]

Der Ansatz von Sen wird wegen der Praxisrelevanz, die er verspricht, und aufgrund seiner prozeduralen Orientierung besonders in philosophisch informierten Anwendungskontexten sehr geschätzt. Wer zu Weltarmut, Entwicklungszusammenarbeit, Fragen der Gesundheitsgerechtigkeit, Umweltschutz, etc. arbeitet, findet in der Gerechtigkeitstheorie von Sen häufig einen vielversprechenden Ansatz. Dies ist auch der Grund, warum dieser Ansatz von vielen Rezipienten als Erweiterung des im zweiten Kapitel diskutierten Fähigkeitenansatzes verstanden wird. Zugleich stellt sich aber die Frage, wie viel theoretische Arbeit dieser Gerechtigkeitsansatz von Sen wirklich leistet und wie nützlich er daher für die Praxis tatsächlich ist.

Eine ausführliche Diskussion, wie stark seine Kritik an Rawls wirklich ausfällt, hat sich bislang noch nicht entwickelt. Indem Sen Fairness als Grundidee der Gerechtigkeit akzeptiert, bewegt er sich immerhin im Rahmen der Theorieanlage von Rawls. Die Kritik scheint sich dann eher darauf reduzieren zu lassen, dass Sen sich innerhalb des Gesamtprojekts »Gerechtigkeit als Fairness« für andere Fragen interessiert als Rawls und daher das Gedankenexperiment des Urzustandes mit dem Schleier des Nichtwissens vielleicht falsch interpretiert. Sen geht es um reale Verbesserung in einer insgesamt ziemlich ungerechten Welt. Rawls hingegen ging es um die moralphilosophische Begründung der institutionellen Grundstruktur liberal orientierter Gesellschaften. So verstanden können ideale und nichtideale Theorie durchaus nebeneinander koexistieren, wie Rawls es selbst in seinem Buch über globale Gerechtigkeit als eine realistische Utopie beschrieben hat.[161] Nicht nur eine Kritik der Kritik an Rawls, sondern auch eine kritische Auseinandersetzung mit dem Ansatz von Sen selbst, jenseits seiner Abgrenzung von Rawls, steht weitestgehend noch aus.[162]

Im Rahmen dieser Einführung sind es insbesondere zwei kritische Punkte, die nähere Betrachtung verdienen. Erstens: In welchem Verhältnis stehen Machtungleichgewichte und Machtkämpfe zur Idee des öffentlichen Vernunftgebrauchs, die für die Gerechtigkeitstheorie von Sen eine sehr zentrale Bedeutung hat. Zweitens: Lassen sich über den öffentlichen Vernunftgebrauch wirklich allgemeinverbindliche normative Maßstäbe erlangen, die gerechtes individuelles Handeln und gerechte Institutionen anleiten können? Diese kritischen Rückfragen werden in den folgenden drei Abschnitten weiter verfolgt. Dabei geht es um drei grundsätzliche Punkte, auf die Sen seine prozedural ausgerichtete Gerechtigkeitstheorie besonders stützt: Wie genau wird mithilfe der Vernunft öffentlich argumentiert, um ungerechte Zustände mit gerechteren Alternativen zu vergleichen? Welche öffentlichen Verfahren gibt es, um solch einen Vernunftgebrauch zu ermöglichen? Und was sind die für die Gerechtigkeit relevanten Themen, und wer entscheidet das?

3.2 Öffentlicher Vernunftgebrauch und kollektives Entscheiden

Die zentrale Aufgabe der Gerechtigkeitstheorie besteht nach Sen darin, dazu beizutragen, die tatsächlich bestehenden und stets mehr oder weniger ungerechten Gesellschaften gerechter zu machen. Dafür ist es nötig zu identifizieren, welche sozialen Herausforderungen besonders dringlich sind und wie diese am besten bewältigt werden können. Um die schwerwiegendsten Ungerechtigkeiten und die vielversprechenden Verbesserungsvorschläge zu identifizieren, bedarf es des öffentlichen Vernunftgebrauchs, so behauptet Sen. Nur so lasse sich die von ihm befürwortete offene Unparteilichkeit erreichen.

Allerdings besteht ein besonderes Problem für den öffentlichen Vernunftgebrauch und für Prozesse des kollektiven Entscheidens darin, dass es den beteiligten Akteuren nicht immer leicht fällt, sich von ihren jeweiligen Standpunkten zu lösen. Der Grund dafür ist nicht etwa, dass sie auf subjektive Weise irrational wären. Vielmehr seien ihre Standpunkte positional objektiv, so argumentiert Sen. Was bedeutet das? Sein Konzept der positionalen Objektivität erklärt er mithilfe des folgenden Beispiels: Von der Erde aus erscheinen Sonne und Mond ungefähr gleich groß. Diese Wahrnehmung ist objektiv, weil sie nicht auf innerliche Eigenheiten der beobachtenden Subjekte zurückgeht, sondern auf deren objektive Stellung in der Welt bzw. auf der Erde. Diese Objektivität ist jedoch positional, weil sie von genau dieser besonderen Stellung abhängt. Vom Mond aus betrachtet, erscheinen die Sonne und der Mond selbst natürlich nicht gleich groß.[163]

Ein anderes Beispiel für positionale Objektivität ist die Selbstwahrnehmung der Sterblichkeitsrate von Frauen in Indien.[164] Im Bundesstaat Kerala nehmen Frauen ihre frühere Sterblichkeit in Relation zu Männern stärker wahr als in anderen indischen Bundesstaaten, obwohl ihre Lebenserwartung absolut gesehen höher ist als in diesen anderen Staaten, die zum Teil sogar wohlhabender sind. Der Grund dafür ist, dass Frauen in Kerala besser ausgebildet sind und mehr Wissen über die Möglichkeiten der Gesundheitsversorgung haben. Sie besitzen also mehr Informationen über ihre tatsächliche Lage und können diese besser einschätzen. Die schlechter ausgebildeten Frauen in den anderen Bundesstaaten hingegen sehen ihre Sterblichkeit als Schicksal an. Sie unterliegen einer objektiven Illusion, wie Sen dies im Anschluss an Karl Marx formuliert. Der öffentliche Vernunftgebrauch ist folglich immer eingeschränkt, und zwar durch die Art und Weise, wie Menschen die soziale Welt wahrnehmen, in der sie leben. Solche objektiven Illusionen lassen sich jedoch durch transpositionale Überprüfung als falsch entlarven. Transpositionale Überprüfung meint nichts anderes, als ganz verschiedene, nahe und ferne Standpunkte miteinander zu vergleichen und so die Informationsbasis für an Gerechtigkeit orientierte Entscheidungen zu erweitern.

Bei dem Beispiel mit der Sonne und dem Mond müssten die beiden Beobachtungspositionen zunächst von der Erde und dann vom Mond aus miteinander verglichen werden. Eindrücklicher wird die Wichtigkeit des Punktes für Fragen der Gerechtigkeit jedoch durch das Beispiel der Frauen in Indien. Die Frauen in den armen Bundesstaaten könnten beispielsweise von den Frauen aus Kerala über ihre tatsächliche Lage aufgeklärt und so von ihrer objektiven Illusion befreit werden. Gerechte Entscheidungsfindungen hängen daher davon ab, dass möglichst viele Stimmen gehört und möglichst viele Informationen ausgetauscht werden. Diese Stimmenvielfalt und der integrative Stimmenaustausch werden durch jene offene Unparteilichkeit möglich, wie sie Adam Smith mit seiner Figur des unparteilichen Beobachters vorschlägt.[165] Einmal mehr besteht das Ziel nicht darin, zu vollkommen gerechten, sondern zu stärker gerechten Entscheidungen zu kommen. In diesem Sinne schreibt Sen:

»Die Nachbarschaft oder Nähe, die durch unsere Beziehung zu Fernstehenden aufgebaut wird, hat tiefgreifende Bedeutung für das Verständnis von Gerechtigkeit im Allgemeinen und für Gerechtigkeit in unserer heutigen Welt im Besonderen. Wir sind verbunden durch Handel, Geschäftsverkehr, Literatur, Sprache, Musik, bildende Künste, Unterhaltung, Religion, Medizin, Gesundheitswesen, Politik, Nachrichten, Medienkommunikation und anderes.«[166]

In einer auf diese Weise globalisierten Welt gibt es daher nur noch wenige Nicht-Nächste, so Sen. Eine wichtige Lektion dieses möglichst inklusiven Vernunftgebrauchs, der so viele Standpunkte und Informationen wie möglich mit einschließt, besteht in einer subtilen Kritik der Expertokratie. Man sollte sich nicht zu sehr auf die Urteile und Einschätzungen von Experten verlassen. Denn auch sie können objektiven Illusionen aufsitzen und daher die inklusive Perspektive der offenen Unparteilichkeit nicht ersetzen.

Ein weiteres von Sen diskutiertes Problem für gerechte Entscheidungen in sozialen Fragen besteht darin, dass alle kollektiven rationalen Entscheidungen, auch solche, die Gerechtigkeitsfragen betreffen, zugleich anspruchsvoll und uneindeutig sind. Anspruchsvoll sind sie, weil es keine einfache Formel dafür gibt, was als vernünftig zu gelten hat und was nicht. Im Anschluss an Hilary Putnam verweist Sen darauf, dass vernünftige Entscheidungen auf hinreichenden Gründen beruhen. Was jedoch als hinreichender Grund gilt, das hängt von allgemeinen Werten ab. Abhängig von der Vielfalt akzeptabler Werthaltungen gibt es daher auch eine Vielfalt konkurrierender Gründe für vernünftige Entscheidungen – auch in Gerechtigkeitsfragen.[167]

Diese Vielfalt hinreichender Gründe sorgt zugleich für die Uneindeutigkeit vernünftiger Entscheidungen. Auf soziale Herausforderungen gibt es häufig mehr als nur eine vernünftige Antwort. Für die Theorie der rationalen Wahl stellt dies ein großes Problem dar, so argumentiert Sen, nicht jedoch für seine eigene

Theorie der sozialen Wahl. Warum ist das so? Die Theorie der rationalen Wahl beruht, wie wir im ersten Kapitel gesehen haben, auf einem ziemlich engen Verständnis von Rationalität als Maximierung des Eigeninteresses. Sie kann damit vielleicht noch Entscheidungen aus Sympathie als rational beschreiben. Aber sie kann Entscheidungen, die sich ohne Sympathie an den Gründen anderer orientieren, nicht mehr als rational erfassen.[168] Genau solch eine Orientierung an den vernünftigen Gründen anderer ist jedoch für gerechte kollektive Entscheidungen nötig, behauptet Sen. Denn nur wenn anerkannt ist, dass es eine Vielzahl vernünftiger und hinreichend begründeter Standpunkte gibt, lassen sich tatsächlich gerechte Entscheidungen treffen, weil nur so fair zwischen diesen Standpunkten abgewogen werden kann.

Sen erläutert dies an einem einfachen Beispiel: Er sitzt in einem Flugzeug am Fenster. Neben ihm sitzt jemand, der ein Computerspiel spielt und ihn bittet, das Fenster wegen des hellen Lichts zu verdunkeln. Sen selbst hat keine besonderen Präferenzen, was das Licht angeht. Allerdings hat er auch keine besonderen Sympathien für seinen Sitznachbarn, weil er Computerspiele für eine sinnlose Zeitverschwendung hält. Aus Sicht der Theorie der rationalen Wahl hat Sen dann keinen Grund, das Fenster zu verdunkeln. Seine eigene Theorie der Sozialwahl lässt es jedoch zu, auch die Gründe anderer zu berücksichtigen. Aufgrund von Gerechtigkeitserwägungen muss Sen daher im Flugzeug fair zwischen seinen eigenen Gründen und den Gründen seines Sitznachbarn abwägen, obwohl er dessen Gründe nicht teilt. Da ihm am hellen Fenster nichts liegt, hat er also einen guten Grund, es zu verdunkeln.[169]

Wenn wir unsere Gründe und die Gründe anderer Akteure abwägen, dann kann es sein, dass wir zu dem vernünftigen Urteil kommen, nach uneigennützigen Gründen handeln zu müssen. Ein von Sen hervorgehobenes Problem besteht allerdings

106

darin, dass Menschen immer nur beschränkt rational abwägen und besondere Probleme mit Urteilen unter Unsicherheit haben. In entsprechenden Situationen neigen sie dazu, sich selbst gegenüber nachsichtiger zu sein und ihren eigenen Gründen mehr Gewicht beizumessen. Deswegen ist es wichtig, dass möglichst viele Stimmen wirklich gehört und nicht nur in einem gedachten Urzustand imaginiert werden.

Sen stützt sich hier auf eine Idee von Thomas Scanlon, nämlich dass wir unsere Urteile und Entscheidungen anderen gegenüber mit Gründen rechtfertigen müssen.[170] Diese Prozedur interpretiert Sen ganz praktisch: Wir brauchen eine öffentliche Rechtfertigungskultur, an der möglichst viele Akteure teilnehmen. Allerdings insistiert Sen gegen Scanlon darauf, dass solch eine kritische Überprüfung durch die Argumente anderer nicht zu einem singulären und vollständig gerechtfertigten Gesellschaftsvertrag führen wird. Verschiedene Personen haben unterschiedliche Präferenzordnungen. Diese Pluralität bleibt unausweichlich.[171]

Gerechtigkeit entsteht nach Sen also aus öffentlichen Deliberationsprozessen, in denen möglichst viele Stimmen gehört werden, um objektive Illusionen zu überwinden.[172] Durch den Austausch von Gründen und die faire Abwägung verschiedener Positionen einigen sich die kooperationswilligen Beteiligten auf gemeinsame Gründe, weil es für sie rational ist, auch die Ziele anderer zu berücksichtigen.[173] Auf diese Weise können Gruppen kollektiv entscheiden, welche Gerechtigkeitsprobleme für sie besonders dringlich sind und welche Lösungsstrategien gewählt werden sollten. Sen ist davon überzeugt, dass sich durch diese Form des öffentlichen Vernunftgebrauchs als offene Unparteilichkeit verbindliche normative Maßstäbe finden lassen. Diese Maßstäbe sind jedoch nicht in Stein gemeißelt, sondern – und das ist eine große Stärke der Position von Sen – müssen immer wieder neu öffentlich ausgehandelt werden. Doch wie genau soll das geschehen? Welche Institutionen und Prozesse sind für diesen öffentlichen Vernunftgebrauch nötig? Und gibt es wirklich keine allgemeinen normativen Grundlagen, auf die sich diese unparteiliche Deliberation stützen kann?

Diese Fragen werden im nächsten Abschnitt weiter verfolgt. Zuvor ist jedoch festzuhalten, dass Sen das bereits im vorherigen Kapitel angesprochene Machtproblem mit diesem Ansatz nicht gelöst hat. Zwar verweist er auf Buddha und dessen Lehre, wonach große Macht zu der besonderen Verantwortung führe, sich für Gerechtigkeit einzusetzen.[174] Doch natürlich richtet sich nicht jedermann auch danach. Wer es nicht nötig hat, sich an Prozessen des öffentlichen Vernunftgebrauchs zu beteiligen, um zu kollektiven Entscheidungen zu kommen, tut das vielleicht einfach nicht. Mächtige Akteure können ihre Interessen auch anders durchsetzen. Bisher wirkt es deshalb so, als sei die Gerechtigkeitstheorie von Sen zwar keine transzendentale Idealtheorie, aber doch eine ziemlich idealistische Theorie. Sie scheint das Problem der Macht nicht besonders ernst zu nehmen und stattdessen ganz auf die faire Bereitschaft mächtiger Akteure zu setzen, sich am öffentlichen und auf Gerechtigkeit gerichteten Vernunftgebrauch zu beteiligen.

3.3 Demokratie und globale Gerechtigkeit

Der Gebrauch der öffentlichen Vernunft soll sich an dem Ideal einer offenen und möglichst inklusiven Unparteilichkeit orientieren. Dadurch lassen sich objektive Illusionen überwinden und auf Grundlage der Kooperationsbereitschaft der Menschen transpositionale Übereinkünfte in Bezug auf Gerechtigkeitsfragen finden. So argumentiert Sen, und das klingt gut. Doch sofort stellt sich auch die Frage, wie genau dieser öffentliche Vernunftgebrauch denn organisiert werden soll.

Sen plädiert für die Demokratie als geeignetes Verfahren zum öffentlichen Vernunftgebrauch. Das allein ist noch nicht besonders überraschend. Immerhin hatte er bereits in seinen entwicklungspolitischen Schriften immer wieder dafür argumentiert, dass die Demokratie bei der Verhinderung von Hungerkatastrophen von zentraler Bedeutung, aber auch selbst das Ziel von Entwicklung ist.[175] Wichtiger sind indes zwei andere Punkte. Erstens weist Sen darauf hin, dass die Demokratie keinesfalls eine Erfindung des Westens sei, sondern es auch schon in den Städten des antiken Indiens und in anderen Kulturen demokratische Wurzeln gebe. Selbst der Nahe Osten sei nicht, wie häufig behauptet wird, demokratiefeindlich. Dies gilt insbesondere dann, wenn noch der zweite zentrale Gedanke von Sen berücksichtigt wird.[176]

Demokratie bedeutet nicht einfach nur, dass die Regierung durch die Bevölkerung gewählt wird. Vor allem bedeutet Demokratie auch Regierung durch Diskussion. In einer Demokratie muss ganz im Sinne des öffentlichen Vernunftgebrauchs über die Gründe für und gegen politische Maßnahmen debattiert werden. Sen setzt im Grunde also Demokratie mit einer bestimmten Form des öffentlichen Vernunftgebrauchs gleich. Ein Land mit freien Wahlen, aber ohne faire öffentliche Debatten über politische Gründe hält er nicht für demokratisch.

Neben Wahlen gehören zu einer Demokratie daher unbedingt Redefreiheit, freier Zugang zu Informationen und die Freiheit, abweichende Meinungen zu formulieren. Gerade die Pressefreiheit fehlt in vielen Ländern, und dies stellt ein großes Problem dar. Zensurmaßnahmen, Informationssperren und nicht zuletzt auch ein Klima der Angst vor Repressionen verhindern in vielen Ländern den öffentlichen Vernunftgebrauch. Möglich wird er erst durch unzensierte und robuste Medien. Sie befördern damit auch eine kollektive Wertebildung und ermöglichen öffentliche Kritik an politischen Maßnahmen. Außerdem stellen sie für viele Menschen eine wichtige Informationsquelle dar und tragen so ganz unmittelbar zu ihrer Lebensqualität bei.[177]

Für Sen besteht der erste Schritt zu einer gerechteren Gesellschaft folglich darin, eine Gesellschaft zu demokratisieren und insbesondere für garantierte Pressefreiheit zu sorgen. In diese Position fließt fraglos seine entwicklungspolitische Auseinandersetzung mit Benachteiligung, mangelnden Fähigkeiten und der heilsamen Wirkung der Demokratie ein, aber auch die Überzeugung, dass politische Freiheiten wie Meinungsfreiheit und demokratische Beteiligungsrechte selbst Teil von Entwicklung seien. Trotzdem wird ihm von Kritikern entgegengehalten, dass autoritäre Regime in den letzten Jahrzehnten eine rasante ökonomische Entwicklung hingelegt hätten. Das gelte beispielsweise für die »vier ostasiatischen Tiger« (Hongkong, Singapur, Südkorea und Taiwan), aber auch für die Volksrepublik China. Deswegen muss Demokratie in Gerechtigkeitsfragen keineswegs Vorrang vor ökonomischer Entwicklung ohne Demokratie besitzen, so argumentieren jene Kritiker.[178]

Dem hält Sen jedoch zwei Gedanken entgegen. Erstens sorgt Pressefreiheit dafür, dass mehr und schnellere Informationen fließen. Machthaber stehen dadurch stärker unter Druck, Menschen in Not zu helfen. Zugleich erfahren sie auch mehr darüber, was in ihrem Land wirklich geschieht und wo gravierende Probleme bestehen. Wie im vorherigen Kapitel dargestellt, hat in China die Führungselite um Mao erst sehr spät von den wahren Ausmaßen der Hungerkatastrophen in den 1960er Jahren erfahren. Dieser Mechanismus der Informationsverbreitung und öffentlichen Kontrolle, so betont Sen, funktioniert nicht nur bei Hungerkatastrophen, sondern auch bei anderen Herausforderungen wie Naturkatastrophen. Zweitens, so erwidert Sen seinen Kritikern, gibt es keinen empirischen Beleg dafür, dass Demokratie der ökonomischen Entwicklung schadet bzw. dass der wirtschaftliche Fortschritt in Südostasien irgendetwas mit der Abwesenheit von Demokratie zu tun habe. Tatsächlich haben auch stärker demokratisch verfasste Staaten wie Indien und Brasilien in den letzten Jahren in ökonomischer Hinsicht große Entwicklungsschritte gemacht.

Allerdings gesteht Sen zu, dass Demokratie und Pressefreiheit allein nicht alle Probleme lösen und ein Prozess der vernünftigen Einigung in Bezug auf Gerechtigkeitsfragen nicht schon durch sie gewährleistet ist. In Indien beispielsweise gibt es große Schwächen im Schulwesen, der medizinischen Grundversorgung, der Kinderernährung und der Gleichberechtigung der Geschlechter. Sen schreibt das einem mangelnden öffentlichen Vernunftgebrauch in diesen Belangen zu. Es wird nicht genug gemeinsam darüber nachgedacht, welche Gründe es gibt, diese gravierenden Defizite zu beheben, und deswegen bleiben viele Chancen ungenutzt. Ein besonderes Problem besteht darin, dass eine robuste Demokratie starke Minderheitenrechte, bzw. starke Rechte für Benachteiligte, z.B. Frauen in vielen Bundesstaaten in Indien, braucht.[179]

Insgesamt geht Sen jedoch davon aus, dass diese Probleme durch anhaltenden öffentlichen Vernunftgebrauch in demokratischen Strukturen gelöst werden können. Er bringt noch zwei weitere Argumente in Anschlag, um diese Perspektive zu verteidigen und insbesondere für Fragen der globalen Gerechtigkeit stark zu machen. Erstens gesteht er zu, dass Ungerechtigkeiten häufig Empörung und Widerstand provozieren. Dies ist durchaus ein wichtiges Motiv zur Überwindung von Ungerechtigkeit. Aber die mit der Empörung verbundenen Ansprüche müssen auch kritisch auf ihre Legitimität hin überprüft werden können. Außerdem bedarf es jenseits von Empörung guter Argumente, um den Widerstand gegen Ungerechtigkeit und den Einsatz für mehr Gerechtigkeit langfristig aufrechterhalten und ausweiten zu können.[180]

Zweitens kann seine prozedural und auf konkrete Verbesserungen ausgerichtete Gerechtigkeitstheorie besser als alternative Ansätze mit Problemen der globalen Gerechtigkeit umgehen. In den letzten Jahren hat sich unter politischen Philosophinnen vermehrt Skepsis breitgemacht, ob man mit der Kategorie Gerechtigkeit wirklich auch auf globaler Ebene sinnvoll operieren kann oder ob es dafür vielmehr einer starken institutionellen Grundstruktur wie derjenigen von Einzelstaaten bedarf. Ein globaler Staat mit gerechter Grundstruktur erscheint aber genauso wenig realistisch wie starke demokratische Institutionen auf globaler Ebene.[181]

Durch sein Verständnis von Demokratie als vernünftige öffentliche Auseinandersetzung über Gerechtigkeitsfragen kann Sen demgegenüber an der Idee der globalen Gerechtigkeit festhalten. Die Vereinten Nationen, NGOs, Bürgerinitiativen, Nachrichtensender und digitale Medien tragen jeweils zum öffentlichen Vernunftgebrauch auf globaler Ebene bei und können dabei helfen, für mehr Gerechtigkeit zu sorgen. Dies leisten sie insbesondere dadurch, dass sie vernünftige Diskussionen anstoßen und zur Überwindung provinzieller Standpunkte beitragen.[182]

Sen liegt sicher richtig damit, dass diese Organisationen und Institutionen zu Entscheidungsprozessen beitragen und diese in eine gerechtere Richtung drängen können. Er liegt wohl auch richtig damit, dass diese Perspektive realistischer ist als ein globaler Sozialvertrag. Aber zugleich stellt sich noch immer die Frage, ob sein Verständnis von Gerechtigkeit als öffentlicher Vernunftgebrauch in demokratischen Strukturen nicht zu idealistisch bleibt. Sen scheint davon überzeugt zu sein, dass sich gerechte Politikmaßnahmen durchsetzen werden, wenn einmal für eine offene und unparteiliche Diskussionskultur gesorgt ist.

Dem lassen sich jedoch zumindest zwei kritische Einwände entgegenhalten. Erstens machen sich in den letzten Jahren zunehmend Zweifel breit, was die Vernünftigkeit und Selbsterhaltungskräfte demokratischer Strukturen anbelangt. Unter dem Stichwort Mediendemokratie wird der Umstand diskutiert, dass demokratische Prozesse hauptsächlich über Massenmedien verhandelt werden und diese über ganz eigene Machtstrukturen verfügen. Und unter dem Stichwort Postdemokratie wird sogar behauptet, dass demokratische Prozesse durch zunehmende ökonomische Ungleichheit und damit verbunden wachsende Machtunterschiede neofeudalistisch unterlaufen werden. Wenn diese kritischen Stimmen richtig liegen, dann greift Sen mit seiner Hoffnung auf die Vernunft und die Stabilität demokratischer Strukturen einfach zu kurz.[183]

Der zweite Kritikpunkt hat mit der stark prozeduralen Ausrichtung der Überlegungen von Sen zu tun. Sen sagt nämlich ziemlich wenig darüber, um welche Prinzipien und materiellen Fragen es bei Gerechtigkeit überhaupt geht. Diese Zurückhaltung geht natürlich auf seinen pluralistischen und inklusiven Ansatz zurück. Wie das Flötenbeispiel und die Kritik an Rawls illustrieren, glaubt Sen, dass es verschiedene legitime Gerechtigkeitsvorstellungen und -prinzipien gibt, die miteinander konkurrieren. Die Fokussierung auf Prozesse des vernünftigen kollektiven Entscheidens verspricht, mit dieser Pluralität umgehen zu können, ohne in eine provinzielle Vorstellung von Gerechtigkeit zu verfallen.

Zugleich verliert die Theorie von Sen dadurch an kritischem Potenzial. Letztlich bleiben ihm nur noch prozedurale Gesichtspunkte, um kollektive Entscheidungen als ungerecht zu kritisieren, weil ihm kein externer Standpunkt jenseits dieser Verfahren zur kritischen Bewertung ihrer Ergebnisse als gerecht oder ungerecht zur Verfügung steht. Dieser Kritik könnte Sen freilich entgegenhalten, dass er sehr wohl Substanzielles zur Gerechtigkeit zu sagen hat. Sein Fähigkeitenansatz und die Idee der Menschenrechte liefern durchaus die geforderte substanzielle Grundlage, um auch demokratisch verfasste Prozesse des öffentlichen Vernunftgebrauchs in Bezug auf ihre Ergebnisse zu kritisieren.

Kollektive Entscheidungen müssen sich immer an den Fähigkeiten der Menschen orientieren und die Menschenrechte achten, sonst sind sie in jedem Falle ungerecht, so könnte man diesen Punkt zusammenfassen. Auf diese Weise könnte Sen vielleicht auch die Entwicklungen der Medien- oder Postdemokratie kritisieren. Allerdings stellt sich auch die Frage, wie genau Sen die Menschenrechte in sein prozedurales Gerechtigkeitsverständnis einbaut und was sein Fähigkeitenansatz wirklich ausrichten kann. Diese Fragen stehen im Mittelpunkt des nächsten Abschnitts.

3.4 Menschrechte, Fähigkeiten und Freiheit

Sen argumentiert, dass jede Gerechtigkeitstheorie einen Informationsschwerpunkt benötigt. Sie muss sich auf bestimmte Merkmale der Welt konzentrieren, mit deren Hilfe sich gesellschaftliche Zustände als mehr oder weniger gerecht einschätzen lassen. Dazu macht er zwei substanzielle Annahmen, auf die sich seiner Einschätzung nach jeder auf Gerechtigkeit bezogene Vernunftgebrauch stützen muss. Der erste Punkt betrifft sein Verständnis davon, was überhaupt zum Konzept des gesellschaftlichen Zustandes gehört. Der zweite Punkt betrifft die Dinge, die es gerecht zu verteilen gilt.

Wenn Sen argumentiert, dass es bei der Gerechtigkeit um gesellschaftliche Zustände geht, dann verweist das auf eine konsequentialistisch orientierte Gerechtigkeitstheorie, wie ja auch seine stärker ökonomischen Arbeiten bereits eine konsequentialistische Perspektive besaßen. Doch entsteht hier sofort ein Problem: Wie geht das mit seinem stark prozeduralen Ansatz zusammen, der sich auf einen offen unparteilichen Vernunftgebrauch stützt? Einerseits soll dieser Vernunftgebrauch bestimmen, was gerecht ist. Andererseits soll es noch andere und stärker substanzielle Kriterien geben, wann ein gerechter Zustand erreicht ist. Sen muss irgendwie die Balance zwischen diesen beiden Perspektiven halten. Wie ihm das gelingt, zeigt sich an der Struktur seiner konsequentialistischen Überlegungen. Ihm geht es nämlich nicht um kulminierte Ergebnisse, sondern um umfassende Ergebnisse. Was ist damit gemeint?

Sen benutzt diese begriffliche Differenzierung in der Absicht, die in der Moralphilosophie übliche Unterscheidung zwischen deontologischer Ethik bzw. Pflichtenethik auf der einen Seite und konsequentialistischer, auf Ergebnisse und Zustände bezogene Ethik auf der anderen Seite zu überwinden. Dazu erweitert er die konsequentialistische Perspektive so, dass sie auch prozedurale und relationale Erwägungen mit einschließt. Auf diese Weise können zugleich akteursunabhängige und akteursbezogene Gründe berücksichtigt werden. Eine wesentliche Kritik an konsequentialistischen Theorien besteht nämlich darin, dass sie die Rechte individueller Menschen nicht hinreichend berücksichtigen. Diese Rechte dürfen aus konsequentialistischer Perspektive immer dann verletzt werden, wenn dadurch deutlich bessere Konsequenzen erreicht werden, so lautet der Vorwurf. Dann scheint es beispielsweise gerecht zu sein, einen Menschen zu töten, um fünf anderen das Leben zu retten. Die Tatsache, dass man dann einen Menschen getötet hat, ändert daran nichts.[184]

Demgegenüber bezieht Sen auch Rechte in seine Überlegungen mit ein. Dies gelingt ihm, so haben wir in den beiden vorhergehenden Kapiteln gesehen, indem er einen substanziellen

Begriff von realer Freiheit entwickelt, der auf die tatsächlich erreichbare Lebensqualität bezogen ist. Dabei kommt er auf die vier Aspekte seines Fähigkeitenansatzes, die allesamt für Gerechtigkeit wichtig sind: 1. Das erreichte Wohlbefinden (Funktionsweise), 2. Handlungserfolg, 3. Freiheit zum Wohlbefinden (Fähigkeiten) 4. Handlungsfreiheit. Diese vier Aspekte zusammen machen für Sen die Informationsgrundlage für eine auf umfassende Ergebnisse ausgerichtete Gerechtigkeitstheorie aus. Kulminierte Ergebnisse hingegen beinhalten entweder nur das erreichte Wohlbefinden oder den Handlungserfolg.[185]

Gerechtigkeit zielt für Sen darauf ab, die reale Freiheit der Menschen zu erweitern, indem sowohl die von ihnen erreichten Ergebnisse, also Handlungserfolge und Wohlbefinden (Funktionsweisen), als auch die Art und Weise, wie diese Ergebnisse frei erreicht werden können, also Handlungsfreiheit und Fähigkeiten, eine Rolle spielen. All dies muss bei einem Vergleich zwischen verschiedenen Zuständen und Maßnahmen, was mehr oder weniger gerecht sei, berücksichtigt werden. Hier zeigt sich deutlich, dass sich die Gerechtigkeitstheorie von Sen nicht auf den eng verstandenen und nur an »capabilities« orientierten Fähigkeitenansatz reduzieren lässt. Zwar sind zentrale Fähigkeiten von besonderer Bedeutung, weil sie es den Menschen ermöglichen, selbständig über ihr Wohlergehen zu entscheiden. Aber Funktionsweisen sind auch wichtig, weil sich über sie bestimmt, auf welche Fähigkeiten Menschen aus der Gerechtigkeitsperspektive Ansprüche erheben können – nämlich nur auf solche Fähigkeiten, die für wichtige Funktionsweisen relevant sind.

Zudem sind Handlungsfreiheiten und Handlungserfolge ebenfalls wichtig, weil es aus der Gerechtigkeitsperspektive auch Ansprüche darauf geben kann, eine faire Chance zu haben, bestimmte Handlungserfolge zu realisieren, die mit dem eigenen Wohlbefinden nichts zu tun haben, z.B. im Bereich der Politik. Nur wenn alle vier Aspekte des erweiterten Fähigkeitenansatzes berücksichtigt werden, so argumentiert Sen, liegen die nötigen Informationen vor, um verschiedene Zustände und Maßnahmen, die zu diesen Zuständen führen, als mehr oder weniger gerecht zu vergleichen. Dies ist auch der Grund, warum Sen alternative Ansätze, die Gerechtigkeit mittels Gütern, Ressourcen oder Glück bestimmen, ablehnt, wie wir in Kapitel 2.1 gesehen haben. Ressourcen und Güter sind nur Mittel und keine Ziele und müssen abhängig von unterschiedlichen Fähigkeiten, sie in Funktionsweisen umzuwandeln, auch unterschiedlich verteilt werden. Glück ist ein viel zu enger Begriff, der nur auf das eigene Wohlbefinden abzielt und weder Handlungsfreiheit, Handlungserfolg noch die freie Verfügung über Fähigkeiten berücksichtigt. Nur der erweiterte Fähigkeitenansatz verschafft eine umfassende Informationsgrundlage, die alle für Gerechtigkeit relevanten Prozesse und Ergebnisse einbezieht und nicht Mittel mit Zielen verwechselt.[186]

Die für Gerechtigkeit relevante Informationsvielfalt ist auch der Grund dafür, warum Sen keinen strengen Egalitarismus vertritt. Er glaubt nicht, dass alle Menschen dieselben Fähigkeiten, Funktionsweisen, Handlungsfreiräume und Handlungserfolge haben sollten. Vielmehr besteht das egalitaristische Moment seiner Theorie darin, dass alle Menschen gleichermaßen fair im Sinne von Rawls' Idee der Fairness behandelt werden müssen. Sen versteht das so, dass alle Menschen bei Gerechtigkeitserwägungen gleichermaßen objektiv und unparteilich zu berücksichtigen sind. Darüber hinaus nennt Sen vier Gründe dafür, von einem strengen Egalitarismus abzuweichen:[187]

1. In Bezug auf Funktionsweisen und Handlungserfolge kann es keinen Anspruch auf Gleichheit geben, weil eine prozedurale Freiheit bei den Fähigkeiten und eine Handlungsfreiheit bestehen soll. Diese prozedurale Freiheit kann natürlich zu ungleichen

Ergebnissen in der Funktionsweise und den Handlungserfolgen führen, beispielsweise weil Fähigkeiten mehr oder weniger klug eingesetzt werden. Hier gilt es, zwischen der prozeduralen Freiheit und der Ergebnisfreiheit abzuwägen.

2. Wie das Beispiel mit der Flöte gezeigt hat, lassen sich Gerechtigkeitsansprüche nicht auf vollständige Gleichheit reduzieren, insbesondere dann nicht, wenn Knappheit besteht. Vielmehr gibt es konkurrierende Ansprüche aus Leistung, Bedürfnis und Talent, die es allesamt zu berücksichtigen und gegeneinander abzuwägen gilt, um knappe Güter, aber auch knappe Fähigkeiten, bzw. deren Vermittlung zu verteilen.

3. Bei der Verteilung und Vermittlung von Fähigkeiten ist eine absolute Gleichheit nicht erstrebenswert, weil verschiedene Akteure unterschiedliche Fähigkeiten aus ihrer subjektiven Perspektive auch unterschiedlich gewichten. Außerdem gewichten sie ihre eigene Funktionsweise und andere Handlungserfolge unterschiedlich, wovon wiederum das relative Gewicht von Fähigkeiten zu anderen Handlungsfreiheiten abhängt.

4. Gleichheit ist nur ein distributiver Wert und vernachlässigt die Bedeutung der Aggregation für Gerechtigkeit. Es kann aber zum Beispiel sinnvoll sein, solche Maßnahmen zu befürworten, die zu einer Zunahme bestimmter Fähigkeiten in der Bevölkerung führen, ohne dass diese Fähigkeit dadurch gleichmäßiger verteilt ist. Bestimmte leicht durchführbare Maßnahmen können beispielsweise nur einen Teil der Bevölkerung alphabetisieren oder es nur einem Teil der Bevölkerung ermöglichen, ohne Scham in der Öffentlichkeit aufzutreten. Trotzdem ist dieses Ergebnis besser, als wenn alle gleichermaßen schlecht dastünden.

Die Aufgabe einer Gerechtigkeitstheorie, so lassen sich die bisherigen Überlegungen zusammenfassen, sieht Sen darin, die nötigen Informationen für öffentliche vernünftige Entscheidungen über alternative Zustände und Maßnahmen als mehr oder weniger gerecht zu ermöglichen. Wer der Gerechtigkeitstheorie eine stärker substanzielle Rolle zuweist und von ihr erwartet, dass sie die Menschen abschließend darüber aufklärt, was gerechte Zustände und entsprechende politische Maßnahmen sind, wird enttäuscht sein. Für Sen besteht die Aufgabe tatsächlich nur darin, die demokratischen Rahmenbedingungen zu benennen sowie die nötigen Informationen bereitzustellen und beispielsweise über den Zusammenhang von Funktionsweisen und bestimmten Fähigkeiten aufzuklären.

Allerdings können Theoretiker auch Empfehlungen dazu geben, welche Zustände und Maßnahmen ihrer Meinung nach gerecht wären. Dann beteiligen sie sich als Gerechtigkeitstheoretiker am öffentlichen Vernunftgebrauch und müssen sich diesem wiederum unterordnen. Eine gewisse Ausnahme bilden dabei die Menschenrechte. Sen bejaht die Idee der Menschenrechte, obwohl er eine konsequentialistische Perspektive einnimmt, weil er ähnlich wie Rawls einen Vorrang bestimmter Grundfreiheiten befürwortet. Diese Grundfreiheiten sind die Voraussetzung dafür, dass Menschen weitere Handlungsfreiheit und Fähigkeiten realisieren können und so die wirkliche Freiheit erhalten, die von ihnen befürworteten Funktionsweisen und Handlungserfolge zu verwirklichen. Die Menschenrechte dienen dazu, genau diese zentralen Grundfreiheiten zu schützen.

Allerdings sind wieder vernünftige Meinungsverschiedenheiten darüber möglich, so betont Sen, um welche Grundfreiheiten es dabei gehen soll und in welchem Verhältnis sie zueinander stehen. Er schreibt:

»So wie andere ethische Thesen behaupten, dass ihre Annehmbarkeit durch unparteiliche kritische Prüfung bestätigt werde, gehen auch Menschenrechtserklärungen implizit davon aus, dass die ethischen Ansprüche, auf die sie sich berufen, überzeugend genug sind, um offener, auf Infor-

119

mationen beruhender kritischer Überprüfung standzuhalten. [...]

Die Fürsprecher, die für die Erweiterung der Menschenrechte um eine neue Klasse plädieren, werden natürlich dazu neigen, auf mehr zu drängen, und dieses Streben ist verständlicherweise ein fortdauernder interaktiver Prozess.«[188]

Es gibt keine abgeschlossene Liste von naturrechtlich letztbegründeten Menschenrechten, die schon immer für alle Menschen gegolten haben. Deswegen sind für Sen auch die Menschenrechte einem demokratischen öffentlichen Vernunftgebrauch nicht enthoben. Vielmehr bedarf es einer globalen Öffentlichkeit, die ihre kollektive Vernunft gebraucht, um sich auf ein gemeinsames Set von Menschenrechten zu einigen. Sen ist bezüglich der Herausbildung solch einer vernünftigen Weltöffentlichkeit so optimistisch wie zurückhaltend und hält sie jedenfalls nicht für ausgeschlossen.[189]

Dennoch stellt sich weiterhin die Frage, ob die Position von Sen zwar nicht idealtheoretisch, aber doch ziemlich idealistisch ist, weil sie zu sehr auf die Vernünftigkeit politischer Prozesse setzt und den Einfluss der Macht radikal unterschätzt.[190] Wenn er selbst beispielsweise die Ungerechtigkeit der bestehenden Patentrechte für Medikamente aufzeigt, weil sie viele Menschen daran hindern, die Fähigkeit zu einem gesunden Leben zu erhalten, dann gesteht Sen den faktischen Einfluss von politischer Macht immerhin zu. Auf den Vorwurf der Machtvergessenheit würde er vielleicht antworten, dass die Gerechtigkeitstheorie diesem Problem tatsächlich machtlos gegenübersteht. Es kommt am Ende tatsächlich darauf an, dass sich im politischen Kampf um Gerechtigkeit die vernünftigen Positionen gegenüber den unvernünftigen durchsetzen.

Abschließend lassen sich drei Punkte nennen, die für die Gerechtigkeitstheorie von Sen besonders wichtig sind, wie er selbst betont.[191] Sein Ansatz ist *nicht-ideal*, *global* und *interaktional*. Er ist *nicht-ideal*, weil er auf die tatsächliche Verbesserung wirklicher Zustände ausgerichtet ist. Es geht darum, bestehende Ungerechtigkeiten ein Stück weit zu beheben, und nicht darum, einen idealen Gerechtigkeitszustand zu imaginieren. Sein Ansatz ist *global*, weil auf Unparteilichkeit beruhende Gerechtigkeitsansprüche an Staatsgrenzen nicht haltmachen, sondern weltweit allen Menschen gegenüber bestehen. Sein Ansatz ist *interaktional*, weil Gerechtigkeit nicht nur eine Tugend der gesellschaftlichen Grundstruktur, sondern aller Menschen ist. Insbesondere durch eine Beteiligung am öffentlichen Vernunftgebrauch, aber auch darüber hinaus können sich alle Akteure für mehr Gerechtigkeit und weniger Ungerechtigkeit einsetzen.

Sen spricht sich dagegen aus, als Theoretiker Gerechtigkeitsansprüche substanziell zu bestimmen, weil solche Ausarbeitungen dem demokratischen Prozess überlassen bleiben sollten. Zugleich macht er aber deutlich, dass das Ziel von Gerechtigkeit seiner Meinung nach die Freiheit des Menschen ist und bei Überlegungen zur Beseitigung von Ungerechtigkeiten die Freiheit aller Menschen gleichermaßen unparteilich und objektiv zu berücksichtigen ist. Die für Gerechtigkeitsüberlegungen relevante Freiheit der Menschen umfasst dabei alle vier Dimensionen, die Sen in seinem erweiterten Fähigkeitenansatz entwickelt: die Fähigkeiten, selbstgewählte Funktionsweisen zu realisieren, die realisierten Funktionsweisen bzw. das realisierte Wohlbefinden, andere Handlungserfolge und Handlungsfreiräume.

4. Identität und Freiheit

Sen hat den Großteil seiner wissenschaftlichen Laufbahn in Großbritannien und den USA verbracht. Begonnen hat er sie jedoch in Indien, wo er studiert und nach einem weiteren Studium in Cambridge bereits mit Anfang zwanzig seine erste Professur angetreten hat. Er ist Indien als seiner Heimat stets verbunden geblieben. Seine indische Staatsbürgerschaft hat er nie aufgegeben und auch keine andere zusätzlich angenommen. Außerdem hat er immer wieder Texte über Indien veröffentlicht, und zwar nicht nur entwicklungsökonomische Arbeiten, auf die schon im zweiten Kapitel hingewiesen wurde, sondern auch Arbeiten allgemeinerer Natur zu Politik und Kultur. Mit Zeitungs- und Diskussionsbeiträgen zu diesen Fragen hat er auch stets an der öffentlichen Debatte teilgenommen.

Vielleicht weil es in der indischen Politik in besonderem Maße um Fragen der Identität, Religion und Kultur geht, hat Sen sich diesen Themen verstärkt zugewendet. Zugleich ist dieses Interesse vor dem Hintergrund seiner entwicklungstheoretischen Arbeiten und der auf konkrete Veränderungen abzielenden Gerechtigkeitstheorie auch konsequent, denn solche tatsächlichen Veränderungen müssen unter Berücksichtigung von kulturellen Konflikten und Identitätsfragen geleistet werden. So hat sich Sen der Problematik von Identität und Kultur, insbesondere als Quelle von Gewalt und ihrer Rolle bei deren Überwindung, auch weltweit und nicht nur in Bezug auf Indien angenommen. Kultur- und identitätsbedingter Gewalttätigkeit setzt er ein liberales Verständnis pluraler Identitäten entgegen, das nicht nur Gewalt verhindern, sondern zu einem echten kulturellen Austausch und sogar zu einer intensiven kulturellen Durchmischung beitragen soll.

In den ersten beiden Abschnitten dieses Kapitels geht es um Sens allgemeine Thesen zu Kulturkonflikten weltweit und um sein Verständnis liberaler Identitäten. Dabei spielen der vielbeschworene »Kampf der Kulturen«, Probleme der Globalisierung und das richtige Verständnis des Multikulturalismus eine wichtige Rolle. In den beiden verbleibenden Abschnitten wird dargestellt, wie Sen mit diesen Fragen speziell in Bezug auf Indien umgeht.[192]

4.1 Identität, Kultur und Religion

Identitäten und kulturelle Unterschiede können eine Quelle von gewaltsamen Zusammenstößen sein. Wenn Menschen sich auf starke Identitäten berufen, z.B. auf unterschiedliche religiöse oder ethnische Zugehörigkeiten, dann können diese gewaltsamen Zusammenstöße sogar besonders grausam sein und das, obwohl man zuvor vielleicht friedlich zusammengelebt hat. Die plötzlich stark betonten religiösen und ethnischen Unterschiede machen die vormalige Friedfertigkeit zunichte und setzen an ihre Stelle vollkommene Verachtung und tiefen Hass. Solche Phänomene gehören auch in einer globalisierten Welt, dessen ist sich Sen bewusst, nicht der Vergangenheit an, sondern sind gegenwärtig. Dies zeigen beispielsweise der Völkermord der Hutu an den Tutsi in Ruanda 1994 und der durch die Zuspitzung ethnischer und religiöser Differenz angefeuerte Kosovokrieg 1989 und 1999. Und spätestens seit 2001 zeigen das nicht zuletzt globale Terroristen, die sich auf den Islam berufen.

Sen glaubt, dass diese Konflikte auf einem falschen Identitätsverständnis beruhen. Verschärft wird die Problematik dieses falschen Identitätsverständnisses noch dadurch, dass auch zahlreiche westliche Kulturtheoretiker, die philosophischen Kommunitaristen und selbst viele Vertreter eines Multikulturalismus, diesem falschen Identitätsverständnis anhängen und dadurch gewaltsame Konflikte nicht nur missverstehen, sondern sogar noch anfeuern können.[193] Dabei lehnt Sen die Rede von Identität und kultureller Zugehörigkeit nicht vollständig ab. Identität verstanden als Zugehörigkeit kann eine Quelle von Freude und Stolz sein, sie kann Kraft und Selbstvertrauen geben. Das zeigen beispielsweise die Arbeiten zur großen Bedeutung von Sozialkapital für das kooperative und produktive Zusammenleben der Menschen.[194] Falsch verstandene und überzeichnete Identitäten können aber auch töten, so betont Sen. Er schreibt:

»Wo ist Abhilfe zu finden, wenn ein auf Identität basiertes Denken zu so brutalen Machenschaften führen kann? Sie kann wohl kaum darin bestehen, die Berufung auf Identität generell zu unterdrücken. Die Identität kann ja eine Quelle von Reichtum und Freundlichkeit wie auch von Gewalt und Terror sein, und es wäre nicht sinnvoll, die Identität insgesamt als ein Übel zu betrachten.«[195]

Wie also ist mit Identitäten umzugehen? Was sind falsch verstandene Identitäten, und wie sollten Identitäten richtig verstanden werden? Sen sieht das Hauptproblem darin, dass Menschen auf eine einzige Identität reduziert werden, die zu einer ihre gesamte Persönlichkeit und all ihr Handeln bestimmenden Identität überhöht wird. Man ist dann nur Muslim oder nur Christ oder nur Hindu. Man ist nur Tutsi oder Hutu, nur Kosovoalbaner oder nur Serbe. Dieses verkürzte Identitätsverständnis führt dazu, dass solche exklusiven Identitäten mit starken Exklusions- und Inklusionsmechanismen einhergehen und auf diese Weise schnell zu kriegerischen Identitäten werden.[196]

Sen schließt sich hier dem französischen Sozialtheoretiker Pierre Bourdieu an, wenn er herausstellt, dass dabei Unterschiede gemacht werden, wo es eigentlich keine gibt.[197] Das allein ist noch ein ganz normaler sozialkonstruktivistischer Vorgang. Die Problematik besteht vor allem in der Konstruktion dieser Identitäten als exklusiv und alles bestimmend. Dem hält Sen ein anderes Identitätsverständnis entgegen, das im Kern pluralistisch und auf Freiheit angelegt ist. Er beschreibt sich selbst, um diesen Punkt zu unterstreichen, als

»Asiaten, Bürger Indiens, Bengalen mit bengalischen Vorfahren, Einwohner der Vereinigten Staaten oder Englands, Ökonomen, Dilettanten auf philosophischem Gebiet, Autor, Sanskritisten, entschiedenen Anhänger des Laizismus und der Demokratie, Mann, Feministen, Heterosexuellen, Verfechter der Rechte von Schwulen und Lesben, Menschen mit einem areligiösen Lebensstil und hinduistischer Vorgeschichte, Nicht-Brahmanen und Ungläubigen, was das Leben nach dem Tode (und, falls es jemanden interessiert, auch ein ›Leben vor der Geburt‹) angeht.«[198]

Diese Selbstbeschreibung muss nicht in allen Hinsichten unwidersprochen bleiben, beispielsweise ist Sen kein ›Dilettant auf philosophischem Gebiet‹, sondern vielmehr ein anregender philosophischer Denker von bleibender Bedeutung. Aber darum geht es auch nicht, sondern darum, dass er eine große Vielfalt von Identitäten besitzt und diese zum Teil sogar in einem gewissen Spannungsverhältnis zueinander stehen. Jeder Mensch, so argumentiert Sen, besitzt solch eine spannungsvolle Vielfalt von Identitäten.

Das bedeutet nicht, dass die Menschen ihre Identitäten ganz frei wählen und ablegen können, so wie ihre Kleidung. Aber es gibt immer bestimmte Alternativen, zwischen denen sie tatsächlich auswählen können. Außerdem ist es immer möglich, selbst Prioritäten zu setzen, also zu entscheiden, welche der vielen eigenen Identitäten wichtig sein sollen und welche nicht. Diese Freiheit im Umgang mit der eigenen Identität ist für Sen eine wichtige persönliche Freiheit und zudem ein wichtiges Instrument gegen eine Vereinseitigung von Identitäten hin zur Gewalttätigkeit.[199]

Sen kritisiert, dass die meisten Sozialtheorien diesen Umstand nicht ernst genug nehmen und daher einer radikalen Reduktion auf singuläre Identitäten durch Fundamentalisten wenig entgegenzusetzen haben. Die üblichen Wirtschaftstheorien beispielsweise ignorieren Fragen der Identität vollkommen, indem sie Menschen auf bloß rationale im Sinne von nur am eigenen Wohl interessierte Akteure reduzieren. Problematischer noch sind einige Kulturtheorien und der philosophische Kommunitarismus, der von einer einzigen alles umfassenden Identität ausgeht, die zu einer eindeutigen Zugehörigkeit von größter Bedeutung führt. Diese Identität wird nicht gewählt, sondern man erkennt sie. Die gute Absicht des Kommunitarismus, den Platz des Menschen in der Gesellschaft zu bestimmen, verkehrt sich so in ihr Gegenteil, weil der Mensch auf die Zugehörigkeit zu einer Gruppe reduziert wird.[200]

Ähnlich gehen Kulturtheoretiker vor, die die Welt in kleine Kästchen klar voneinander zu unterscheidender Kulturen einteilen. Menschen können dann auf die Zugehörigkeit zu einer dieser Kulturen reduziert werden, und ihre pluralen Identitäten geraten aus dem Blick. Eine entsprechende Schematisierung übersieht vollkommen, dass Kulturen bereits in sich immer plural sind und außerdem miteinander interagieren, sich austauschen und vermischen. Angesichts dieses von Sen kritisierten reduktiven Kulturverständnisses erfreuen sich Ansätze wie der von Huntington beschworene »Kampf der Kulturen« großer Beliebtheit.[201] Sen hält diesen Ansatz nicht nur für problematisch, weil er auf einem falschen Verständnis singulärer Identitäten beruht, die Pluralität der Identitäten unterschätzt und persönliche Freiheit im Umgang mit Identitäten missachtet. Er hält diesen Ansatz auch für gefährlich, da er als Theorie in der politischen Praxis ernst genommen wird, vielleicht ernster, als er gemeint ist, und damit echten Schaden anrichten kann, weil er genau zu den von Fundamentalisten gewünschten politischen Maßnahmen führt.

Als Beispiel dafür behandelt Sen den Islam und den sich auf den Islam berufenden fundamentalistischen Terrorismus. Für Sen gibt es Menschen, die unter anderem auch Muslime sind, also eine islamische Identität haben. Daneben besitzen sie aber genauso viele verschiedene Identitäten wie er selbst, vielleicht einen Beruf, ein Geschlecht, familiäre Verbindungen, Reiseerfahrungen, Einstellungen zu religiösen und kulturellen Fragen, Leidenschaften und vieles mehr. Zusammen prägen sie die Pluralität der Identitäten eines unter anderem auch muslimischen Menschen. Sen findet es daher problematisch, von einem islamischen Terrorismus zu sprechen. Es handelt sich vor allem um einen Terrorismus, und die Terroristen sind unter anderem auch Muslime. Man überlässt den Fundamentalisten zu viel Definitionsmacht, wenn man ihnen erlaubt, den Islam für sich zu vereinnahmen, so kritisiert er.[202]

Deswegen sollte man von anderen Muslimen auch nicht fordern, sich zu einem friedlichen und freundlichen Islam zu bekennen, denn damit hat man sich schon zu sehr auf den Kampf der Fundamentalisten um Identitäten eingelassen. Muslime haben plurale Identitäten; sie können zugleich auch Demokraten, Pazifisten, Frauenrechtler und Liberale sein. Das hat mit dem Islam als Religion zunächst nichts zu tun, weil es viele verschiedene Möglichkeiten gibt, diese Religion zu verstehen und zu leben. Statt sie auf das richtige Verständnis des Islams festzulegen, sollte man Muslime deshalb eher in ihrer persönlichen Freiheit bestärken, ihre pluralen Identitäten selbst zu gewichten und ins Verhältnis zueinander zu setzen. Sen glaubt, dass den Terroristen auf diese Weise ihre schärfste Waffe genommen wird, nämlich die Definitionsmacht über den Islam.

Er unterstreicht diesen Punkt, indem er auf zwei interessante historische Gleichzeitigkeiten hinweist:

»Sultan Saladin, der während der Kreuzzüge des 12. Jahrhunderts heldenhaft für den Islam kämpfte, konnte, ohne dass dies ein Widerspruch gewesen wäre, dem aus dem intoleranten Europa geflohenen berühmten jüdischen Philosophen Maimonides an seinem königlichen Hof in Ägypten eine ehrenhafte Stellung gewähren. Als der Ketzer Giordano Bruno Anfang des 17. Jahrhunderts auf dem Campo dei Fiori zu Rom auf dem Scheiterhaufen verbrannt wurde, hatte der Großmogul Akbar (der als Muslim geboren wurde und als Muslim starb) in Agra gerade sein großes Projekt vollendet, Minderheitenrechte zu kodifizieren, darunter die Religionsfreiheit für alle.«[203]

4.2 Multikulturalismus, Globalisierung und Freiheit

Sen kritisiert nicht nur Kulturtheorien, die die Welt in kleine Kulturkästchen einteilen und einen Kampf der Kulturen behaupten, sowie einen Kommunitarismus, der von singulären und alles bestimmenden Identitäten ausgeht. Er kritisiert auch ein bestimmtes Verständnis des Multikulturalismus, das ebenfalls von eindeutigen und vorgefundenen singulären Identitäten ausgeht. Dieser Multikulturalismus fordert eine friedliche Koexistenz verschiedener Kulturen auch in einem Staat und in einer Gesellschaft sowie außerdem den wechselseitigen Respekt der verschiedenen Kulturen und ihrer Traditionen. Sen hingegen glaubt, dass nicht alle Traditionen dieselbe Achtung verdienen, sexistische Traditionen beispielsweise verdienen es nicht, geachtet zu werden, sondern sie sollten überwunden werden.

Das Hauptproblem solch eines Multikulturalismus besteht darin, dass er an einem klaren Nebeneinander der Kulturen festhält und insofern eher einen pluralen Monokulturalismus darstellt. Dem hält Sen einen echten Multikulturalismus entgegen, der auf eine aufrichtige Annäherung und Durchmischung der Kulturen setzt, um so nicht nur kulturelle Vielfalt zu bejahen, sondern tatsächlich eine immer weiter zunehmende Pluralisierung der Kulturen durch neue Mischformen zu bewirken. Solch eine Durchmischung kann darauf beruhen, dass sich die Identitäten der Menschen immer auch aus anderen Quellen speisen, wie Klasse, Rasse, Beruf, Geschlecht und politische Einstellung. Kulturen sind nie ein für allemal fixiert, sondern befinden sich in einer dynamischen Wechselwirkung mit anderen Determinanten, wie die Globalisierung von Wirtschaft, Film und Musik eindrücklich zeigt. Menschen haben ihrer Kultur gegenüber also die Freiheit, sie in die eine oder andere Richtung entwickeln und verändern zu können.[204]

Manchmal wird zwischen einem kommunitaristischen und einem liberalen Multikulturalismus unterschieden. Der kommunitaristische Multikulturalismus fordert die Akzeptanz anderer Kulturen in ihrer Andersartigkeit, auch wenn das bestimmten liberalen Grundwerten widerstreitet, weil diese Grundwerte selbst nur Ausdruck einer Gemeinschaft sind. Der liberale Multikulturalismus hingegen kann nur solche Kulturen und Traditionen akzeptieren, die mit den liberalen Grundwerten vereinbar sind.[205] Sen steht natürlich dem liberalen Multikulturalismus näher, weil die individuelle Freiheit, seine eigene Persönlichkeit zu wählen, für ihn von zentraler Bedeutung ist. Aber selbst der liberale Multikulturalismus geht ihm nicht weit genug, weil er noch zu sehr den Charakter eines pluralen Monokulturalismus besitzt. Zwar müssen die verschiedenen Kulturen in ihrem Verhältnis zueinander liberal sein, aber ansonsten koexistieren sie in diesem Verständnis bloß nebeneinander.

Dieses Verständnis des liberalen Mulitikulturalismus findet Sen problematisch, und aus diesem Grunde kritisiert er beispielsweise die Zunahme von verschiedenen Konfessionsschulen in Großbritannien, die auf einem bestimmten Verständnis des liberalen Multikulturalismus beruht: Solange die verschiedenen »religiösen Kulturen« hinreichend liberal sind, sollen auch Hindus und Muslime ihre Konfessionsschulen haben und nicht nur Christen. So entsteht das Bild von zwar in Harmonie lebenden, aber doch verschiedenen ethnischen bzw. religiösen Gemeinschaften. Sen hingegen fordert einen einschließenden Multikulturalismus, der gerade durch gemeinsamen Schulunterricht eine kulturelle Durchmischung und einen freien Umgang mit dem eigenen kulturellen Hintergrund ermöglicht. Er schreibt dazu:

»Es ist dringend geboten, nicht nur über die Bedeutung unseres gemeinsamen Menschseins zu sprechen – ein Thema, bei dem die Schulen die entscheidende Rolle spielen können (und in der Vergangenheit oft gespielt haben). Wichtig ist auch die Einsicht, dass menschliche Identitäten vielerlei Gestalt annehmen können und Menschen ihren Verstand gebrauchen müssen, wie sie sich selbst sehen und welche Bedeutung sie dem Umstand beimessen sollten, als Mitglied einer bestimmten Gemeinschaft geboren zu sein.«[206]

Eine besondere Herausforderung für seinen Multikulturalismus der Durchmischung sieht Sen in der Globalisierung, bzw. in der Globalisierungskritik. Viele Menschen sind mit der Globalisierung und ihren sozialen, ökonomischen und politischen Auswirkungen unzufrieden und demonstrieren gegen sie oder lehnen sich sogar dagegen auf. Diese globalisierungskritische Haltung kann durchaus zu einem neuen Protektionismus führen, der kulturalistische Vorstellungen klar voneinander zu unterscheidender und gegenüber der Vereinheitlichung durch Globalisierung zu schützender Identitäten stärkt. Dem hält Sen entgegen, dass eine Globalisierung der Ideen von einer ökonomischen Globalisierung zu unterscheiden sei und es darauf ankomme, die Probleme der ökonomischen Globalisierung richtig zu erfassen.[207]

Eine Globalisierung der Ideen und des Wissens hält Sen kaum für kritisierbar. Wer sich dagegen wendet, ist einfach reaktionär und antiliberal. Damit meint Sen wohl auch, dass Gegner dieser Form der Globalisierung vernünftigen Argumenten schlicht nicht zugänglich sind. Zum Glück trifft das auf die Mehrheit der globalsierungskritischen Bewegung nicht zu, weil es sich dabei selbst um eine Bewegung der Ideen und des Wissensaustauschs auf globaler Ebene handelt. Problematischer ist hingegen die ökonomische Globalisierung, weil erstens Globalisierungsgewinne nicht gerecht verteilt werden und zweitens bestimmte Gruppen sogar ganz vom Prozess der Globalisierung ausgeschlossen oder nur negativ davon betroffen sind. Der Protektionismus gegenüber sich entwickelnden Ländern, der globale Waffenhandel und die globalen Patentgesetze – insbesondere für Medikamente – sind besonders gravierende Auswüchse dieser ungerechten ökonomischen Globalisierung.[208]

Damit diese ökonomische Globalisierung nicht noch mehr Öl ins Feuer der Fundamentalisten und ihres Kampfes für unversöhnliche Identitäten gießt, ist es nötig, diese gravierenden Mängel zu beseitigen. Außerdem ist es nötig, die globale Armut zu bekämpfen. Es gibt auch andere, humanitäre Gründe für die Armutsbekämpfung, und man sollte sie nicht auf instrumentelle Gründe der Gewaltvermeidung reduzieren, so argumentiert Sen. Aber Armut befördert Gewaltbereitschaft und die Verführungskraft singulärer Identitätskonstruktionen. Gerade gegen Protektionismus und restriktive Patentrechte wendet Sen ein, dass in der Vergangenheit vor allem Europa von liberalen Globalisierungsprozessen massiv profitiert hat:

»Europa wäre in der Tat wirtschaftlich, kulturell und wissenschaftlich sehr viel ärmer gewesen, wenn es sich gegen die Globalisierung von Mathematik, Wissenschaft und Technik gewehrt hätte, die in den Anfängen des zweiten Jahrtausends von China, Indien, Persien und der arabischen Welt ausging.«[209]

In seiner Auseinandersetzung mit Identitäten, der Globalisierung und dem Multikulturalismus plädiert Sen wiederum für sein freiheitliches Identitätsverständnis.[210] Menschen sollen die Freiheit haben, sich zu ihren kulturellen Identitäten selbst zu verhalten und auszuwählen, welche dieser Identitäten sie bejahen und ausleben wollen und welche sie ablehnen und ablegen möchten. Letztlich bedeutet dies die Freiheit, selbst zu denken und sich seiner Vernunft zu bedienen, ganz im Sinne des Aufklärungsideals. Daraus folgt allerdings gerade nicht die kulturelle Freiheit, sich auf jedes Erbe zu berufen. Akzeptabel sind vielmehr nur solche kulturellen Traditionen, die mit der individuellen Freiheit der Menschen, ihre Identitäten selbst vernünftig zu gestalten, auch zusammengehen. Alle anderen Traditionen gilt es als unfrei zu kritisieren. Dies ist deswegen besonders dringlich, weil Identitäten in öffentlichen Prozessen und von politischen oder anderen Meinungsführern instrumentalisiert werden. Man darf nicht den Fehler begehen, deren Aussagen als Ausdruck der Position derjenigen vielen Menschen zu sehen, die in den Strukturen unfreier Kulturtraditionen gefangen sind und oft gerade nicht die Möglichkeit haben, ihre Meinung frei zum Ausdruck zu bringen.[211]

Sen gesteht jedoch zu, dass sich Menschen nicht nur aus Zwang singulären Identitäten zuwenden, sondern viele diese auch freiwillig bejahen. Zwar macht er Armut als ein mögliches Motiv für diese Verengung aus, insgesamt findet er sie jedoch in hohem Maße rätselhaft: »Unverständlich ist nur, warum die Kultivierung der singulären Identitäten so erfolgreich ist, wo doch jeder sehen kann, dass die Menschen vielfältige Zugehörigkeiten haben.«[212] Hier offenbart sich vielleicht eine Schwäche im Ansatz von Sen, weil er die Analyse der Gründe für den Erfolg dieser singulären Identitäten vernachlässigt.[213] Dabei besitzt er mit seinem Fähigkeitenansatz vielleicht sogar ein geeignetes Instrumentarium dafür. Er könnte nämlich danach fragen, welche Fähigkeiten die Menschen brauchen, um ihre vielfältigen Identitäten auch bejahen und ausleben zu können. Die Zustimmung zu singulären Identitäten wäre dann vielleicht als Adaption von Präferenzen an verschiedenste strukturelle Zwänge zu kritisieren.

4.3 Ein streitbarer Inder

Obwohl Sen den Großteil seiner wissenschaftlichen Karriere und seines erwachsenen Lebens an britischen und US-amerikanischen Universitäten verbracht hat, ist er – wie bereits erwähnt – indischer Staatsbürger und diesem Land als seiner Heimat verbunden geblieben, wie er selbst betont.[214] Dies kommt nicht nur darin zum Ausdruck, dass seine entwicklungsökonomischen Arbeiten einen besonderen Bezug zu Indien aufweisen. Auch die Themen Kultur, Identität und Freiheit behandelt er im Hinblick auf Indien und ist nicht zuletzt durch diese Auseinandersetzung zu seiner liberalen Identitätskonzeption gelangt.

Ein wichtiges Motiv ist es für ihn dabei, den üblichen Ost-West-Gegensatz zu überwinden. Weder glaubt er, dass Rationalität, religiöse Toleranz und Demokratie »westliche« Eigenschaften seien, noch heißt er es gut, wenn Indien zu einer glaubensbasierten mystischen Kultur stilisiert wird. Das gilt ganz unabhängig davon, welcher dieser beiden gegensätzlichen Pole befürwortet oder abgelehnt wird. Sen hält diese polarisierende Gegenüberstellung für grundfalsch. Es sind insbesondere drei Episoden der indischen Kulturgeschichte, die Sen immer wieder anführt, um einen Keil in diese anscheinend so klare Dichotomie von Ost und West zu treiben. Diese drei Episoden sind mit den Namen Arjuna, Ashoka und Akbar verbunden.

Arjuna ist eine Figur aus dem Epos Mahabharata (zwischen 400 v. Chr. und 400 n. Chr. niedergeschrieben) und dem zentralen Gesang der Bhagavad Gita. Dort diskutiert Arjuna mit seinem Freund und Wagenlenker, dem Gott Krishna, am Vorabend einer großen Schlacht über die Übel des Krieges. Krishna vertritt die Position, dass Arjuna seine Pflicht tun und das Reich verteidigen muss. Arjuna ist skeptisch, weil dies mit viel Leid und Übel einhergehe und er sogar Verwandte und ehemalige Freunde erschlagen müsse. Diese negativen Folgen möchte er gerne vermeiden. Am Ende überzeugt Krishna Arjuna jedoch. Beide Positionen, so argumentiert Sen, haben in der indischen Ideengeschichte ihre Wirkung entfaltet, und die Zweifel von Arjuna stehen als Beispiel für ein rationales moralisches Denken, das deontologische, also auf Pflicht bezogene Elemente und konsequentialistische Gesichtspunkte miteinander verbindet.[215]

Ashoka (304–223 v. Chr.) war ein indischer Herrscher und äußerst erfolgreicher Feldherr. Nach 260 v. Chr. konvertierte er vom Hinduismus zum Buddhismus und gab alle seine Expansionspläne auf. Stattdessen widmete er sich der politischen Konsolidierung seines Reiches und förderte insbesondere die Kultur und die Künste. Ein besonderes Merkmal seiner Herrschaft ist seine große religiöse Toleranz, die nicht nur zu einer friedlichen

Koexistenz von Hinduismus und Buddhismus führte, sondern auch zu einem regen intellektuellen Austausch innerhalb Indiens und mit anderen Ländern. Diese religiöse Toleranz sowie das Interesse an Dialog und Verständigung, so argumentiert Sen, haben wesentlich zur Tradition der Toleranz von abweichenden religiösen Meinungen in Indien beigetragen.[216]

Akbar (1542–1605) war Großmogul Indiens und gilt neben Ashoka als einer der interessantesten und wichtigsten Herrscher Indiens. Er selbst war Muslim und legte zugleich großen Wert darauf, dass in seinem Reich alle Religionen gleichermaßen toleriert wurden und die Politik sogar zu allen Religionen dieselbe Distanz hielt. Damit vertrat er eine Form des Säkularismus, die nicht alles Religiöse aus der Politik verbannt, sondern verschiedene Religionen gleichermaßen zulässt, wie Sen unterstreicht. In diesem Sinne regte er sogar staatlicherseits Treffen zur Diskussion der verschiedenen religiösen Vorstellungen an und förderte so einen öffentlichen interreligiösen Dialog. Dies geschah zu einer Zeit, in der die Inquisition in Europa Angst und Schrecken verbreitete.[217]

Sen verweist auf diese Persönlichkeiten der indischen Geschichte, um die kulturelle Vielfalt der indischen Tradition zu unterstreichen. Indien verfügt über eine eigene und lebendige Tradition der öffentlichen Argumentation und des öffentlichen Vernunftgebrauchs. Eine solche hält Sen, wie wir im letzten Kapitel gesehen haben, für das zentrale Element der Demokratie: Regierung durch Diskussion im Gegensatz zu bloßen Wahlen.[218] Diese diskursive Tradition beinhaltet zugleich eine große religiöse Toleranz und eine bestimmte Form von Säkularismus, der staatlicherseits alle Religionen zulässt und zu ihnen die gleiche Distanz wahrt, ohne sie aus allen öffentlichen Räumen zu verbannen, wie es im säkularen Frankreich üblich ist. Sen macht diesen Vorschlag nicht, aber die indische Form des Säkularismus könnte sich beispielsweise auch für Deutschland, Österreich und die Schweiz als Vorbild anbieten.

Die Tradition der religiösen Toleranz in Indien schließt ausdrücklich auch atheistische und agnostische Positionen mit ein. Es gibt in den indischen Sprachen Sanskrit und Pali eine große Zahl von Schriften atheistischer und agnostischer Prägung. Natürlich gab es in der Geschichte Indiens immer auch Phasen der Intoleranz. Die Herrschaft Aurangzebs, eines Nachfahren und Nachfolgers von Akbar, zeichnet sich etwa vor allem durch die Unterdrückung Andersgläubiger und Nichtgläubiger aus. Aber, und das ist für Sen der entscheidende Punkt, es liegt an den Indern der Gegenwart, welchen Teil ihrer Tradition sie betonen und mit welchem sie sich identifizieren wollen. In jüngerer Zeit steht für Sen der große Dichter und Gelehrte Rabindranath Thakur – mehr noch als Mahatma Gandhi – für ein tolerantes, weltoffenes und am demokratischen Diskurs orientiertes Indien. Thakur soll in diesem Sinne geschrieben haben: »Die Idee Indiens selbst spricht gegen ein tiefes Bewusstsein der Verschiedenheit des eigenen Volkes von anderen.«[219]

Für Sen ist es wichtig, diese Seite der indischen Kulturgeschichte zu betonen, weil in jüngster Zeit eine Bewegung in Indien an Stärke gewonnen hat, die er für äußerst gefährlich hält. Dabei handelt es sich um die sogenannte Hindutva-Bewegung, was »Qualität des Hinduismus« bedeutet. Diese Bewegung ist eng verbunden mit der Bharatiya Janata Party, einer mächtigen Partei, die von 1998 bis 2004 sogar die Regierung stellte.[220] Die Hindutva-Bewegung propagiert ein »kleines Indien« im Gegensatz zu einem »großen Indien«, wie Sen dies ausdrückt. Anhänger der Bewegung führen zwei Argumente für ihre Position an: Erstens stellen die Hindus mit Abstand den größten Bevölkerungsanteil Indiens. Zweitens besitzt der Hinduismus eine besonders lange Geschichte und Tradition. Indien müsse daher als hinduistisch verstanden werden.

Dagegen hat Sen einiges einzuwenden und er nutzt seine theoretischen Arbeiten zu Freiheit, Identität und Kultur für seine Argumente gegen die Hindutva-Bewegung. Gegen das erste Argument wendet er ein, dass in Indien über 150 Millionen Muslime leben – mehr als in jedem anderen Land, abgesehen von Indonesien und Pakistan. Außerdem war in Indien lange Zeit der Buddhismus die dominante Religion. Der entscheidende Punkt ist jedoch das bereits im vorherigen Abschnitt diskutierte Argument, dass Religion jeweils nur Teil der Identität eines Menschen ist und seine Persönlichkeit nicht ausschließlich bestimmt, sondern jeder Mensch noch viele andere Zugehörigkeiten besitzt. Gegen das zweite Argument wendet Sen entsprechend ein, dass viele religiöse und atheistische Einflüsse und insbesondere der Dialog zwischen diesen Religionen und Weltanschauungen die indische Kultur geprägt haben. Die Auseinandersetzung zwischen Anhängern der Hindutva-Bewegung und liberalen Kräften, denen er angehört, schildert Sen so:

»[...] die Hindutva-Bewegung ist eine Konfrontation mit der Idee von Indien selbst eingegangen. Dies ist nichts weniger als ein anhaltender Versuch, die weite Idee eines großen Indiens – das auf seine heterodoxe Vergangenheit und pluralistische Gegenwart stolz ist – zu verdrängen und den Stempel eines kleinen an einem drastisch reduzierten Verständnis des Hinduismus orientierten Indiens aufzudrücken. In der Auseinandersetzung zwischen einem großen und kleinen Indien kann die weitere Vorstellung sicher gewinnen. Aber der Kampf für die weite Idee von Indien kann nicht gewonnen werden, wenn diejenigen, die für das größere Verständnis kämpfen, nicht wissen, wofür sie kämpfen. Die Reichweite indischer Traditionen, einschließlich der Heterodoxie der Befürwortung von Pluralität und Skeptizismus, muss umfassend anerkannt werden. Die Kenntnis der indischen Vergangenheit ist wichtig für ein angemessenes Verständnis der umfassenden Idee Indiens.«[221]

Hier plädiert Sen für ein bestimmtes Verständnis des liberalen Multikulturalismus, der sich durchaus an Geschichte und Tradition orientiert und diese in einem liberalen Sinne interpretiert, weil schließlich Tradition und Geschichte immer in irgendeinem Sinne interpretiert werden müssen. Kultur, Tradition und Geschichte stehen also nicht im Gegensatz zu einer liberalen, an umfassender Freiheit orientierten Position, sondern können dieser förderlich sein, weil es immer schon Menschen gegeben hat, die sich für Toleranz, Pluralität und Freiheit stark gemacht haben.

Allerdings ist sich Sen der Tatsache durchaus bewusst, dass es in der indischen Tradition einige kulturelle Elemente gibt, die auch gegenwärtig seiner Vorstellung einer umfassenden Freiheit für alle Menschen entgegenstehen. Er nennt vor allem das Klassensystem und die Rolle der Frauen. Sen notiert, dass der Kampf gegen das Klassensystem in den letzten Jahren deutlich schwächer geworden und das Land noch weit davon entfernt ist, die Hoffnung von Jawaharlal Nehru, mit der Demokratie gehe auch die Abschaffung der sozialen Klassen einher, zu verwirklichen.[222] Das besondere Problem der Klassen sieht Sen darin, dass es andere Formen der Benachteiligung bündelt und verstärkt. Nicht nur soziale Anerkennung ist von der als Kaste fixierten Klasse abhängig, sondern auch soziale und ökonomische Chancen. Das Problem besteht gerade darin, dass Kastenzugehörigkeit eine Klassenzugehörigkeit fixiert und diese starren Ungleichheiten soziale Annäherungen in einer Mittelschicht sehr schwierig machen.

Bereits in seinen entwicklungsökonomischen Arbeiten hat Sen stets die Benachteiligung und Notwendigkeit einer aktiven Rolle der Frauen betont. Er unterschiedet sechs Formen der Benachteiligung in Indien: 1. Benachteiligung in der Überlebensrate, 2. durch Abtreibung bedingte Benachteiligung bei der Geburtenrate, 3. ungleiche Entwicklungsmöglichkeiten, 4. Ungleichheit in Eigentumsfragen, 5. ungleicher Anteil an Gütern des Haushalts und der Hausarbeit, 6. häusliche Gewalt. Viele dieser Benachteiligungen sind kulturell bedingt, und es bedarf ernsthafter Anstrengungen nicht nur in ökonomischer, sondern auch in kultureller Hinsicht, sie zu überwinden und die Freiheit der Frauen mit Blick auf ihr Wohlbefinden und ihren Akteursstatus zu erhöhen, um ihre Gleichberichtigung zu erreichen.[223]

Hier zeigt sich allerdings auch eine Schwäche in der Position von Sen, denn in der indischen Tradition gibt es kaum Anhaltspunkte für eine Gleichberichtigung von Frauen, die als historische Ressource für ein großes Indien der Gleichberechtigung genutzt werden könnten. In dieser Hinsicht bedarf es also tatsächlich einer Neuorientierung jenseits aller Tradition. Sen würde dem wohl zustimmen, müsste dann aber auch akzeptieren, dass sein an Traditionen orientierter freiheitlicher Multikulturalismus in dieser Hinsicht versagt. Ein eindrückliches Beispiel für diese Problematik ist der Fall einer Gruppenvergewaltigung in Delhi 2012, in deren Folge das Opfer starb. Sen selbst hat darauf hingewiesen, dass solche Vergewaltigungen in Indien schon vor diesem aufsehenerregenden Fall ein großes, aber kaum beachtetes Problem waren und dieser Fall unter anderem deshalb in den Mittelpunkt der öffentlichen Aufmerksamkeit rückte, weil es sich bei dem Opfer um eine Angehörige der hochstehenden Kaste der Brahmanen handelte.[224]

Allerdings kann Sen darauf hinweisen, dass es ihm vor allem um eine an Freiheit orientierte und vernünftige öffentliche Diskussion geht. Der Verweis auf liberale Traditionen kann dabei helfen, bleibt der umfassenden Freiheitsorientierung aber untergeordnet. Immerhin gelingt es ihm damit, einen wirklich liberalen Mulitikulturalismus zu vertreten, der Traditionen gegenüber dennoch offen ist. Das wird an seiner Beschäftigung mit Indien und seinem wissenschaftlichen und auch politischen Eintreten für ein offenes und liberales Indien besonders deutlich. Sen bejaht die indische Tradition und die Annahme sowie Vermischung verschiedener religiöser, ethnischer und kultureller Identitäten. Dadurch setzt er sich von solchen philosophischen Positionen ab, die einen liberalen Multikulturalismus zwar behaupten, aber tatsächlich eher einen liberalen Antikulturalismus oder einen pluralen Monokulturalismus vertreten.

4.4 Indien in der Welt

Sen thematisiert die Bedeutung einer liberalen Identität und Freiheit nicht nur in Bezug auf die Konstruktion individueller und kultureller Identität innerhalb Indiens, sondern auch mit Blick auf die Konstruktion einer kollektiven Identität Indiens gegenüber der Welt. Er plädiert für ein vielschichtiges, durch Toleranz, Dialog, Offenheit und Vernunft geprägtes Bild des Landes und einen entsprechenden Umgang mit den Nachbarn und anderen Ländern. Es sind insbesondere drei Beziehungen, die Sen aus dieser Perspektive thematisiert: Indien und der »Westen«, Indien und China, Indien und seine Nachbarn auf dem südasiatischen Subkontinent.

Was das Verhältnis des Westens, also Europas und Nordamerikas, zu Indien anbelangt, so verweist Sen zuerst darauf, dass diese Beziehung maßgeblich vom Indienbild des Westens geprägt ist. Er folgt darin der berühmten These von Edward Said, dass der Westen den Orient nach seinen Vorstellungen und Wünschen imaginiert und dies bereits vor der Kolonialzeit getan hat und immer noch tut.[225] Allerdings ist sich Sen auch und vielleicht noch stärker als Said der Tatsache bewusst, dass die Vorstellung eines einheitlichen Okzidents, der einen Orient imaginiert, selbst eine Konstruktion ist. Er geht daher nicht von einer einheitlichen

Imagination des Orients allgemein und Indiens speziell aus, sondern unterscheidet drei westliche Indienbilder: das exotisierende Bild, das gebieterische Bild und das kuratorische Bild.

Das exotisierende Indienbild zeichnet sich dadurch aus, dass es die unbekannten, mythischen, ja wunderlichen Seiten Indiens stark überbetont und so zu einem Bild des ganz Anderen und Wunderbaren werden lässt. Dieses Indienbild findet sich beispielsweise bei Herder, Friedrich Schlegel und Goethe. Das gebieterische Indienbild herrschte vor allem bei der britischen Kolonialmacht vor und war wesentlich von der Indiendarstellung durch James Mill geprägt, der Indien nie besucht hat und keine indische Sprache beherrschte. Für Mill und die gebieterische Perspektive war Indien das unzivilisierte Land primitiver Einwohner, die nie auch nur eine nennenswerte Innovation hervorgebracht haben. Das dritte, das kuratorische Indienbild wurde vor allem durch katholische Gelehrte, insbesondere die Jesuiten, geprägt, die sich darum bemühten, die verschiedenen Aspekte der indischen Kultur zu klassifizieren und herauszustellen. Dieser dritte Ansatz wird der kulturhistorischen Wirklichkeit Indiens am meisten gerecht, so Sen. Allerdings ist auch das kuratorische Indienbild in seinem Klassifizierungsinteresse zu schematisch und vernachlässigt ebenfalls, wenn auch nicht so stark wie die anderen Ansätze, die rationalen und analytischen Elemente der indischen Kultur. Alle drei westlichen Bilder übersteigern die geheimnisvoll-obskuren und nicht-materialistischen Seiten Indiens in unterschiedlichem Maße.[226]

Diese Einseitigkeit der westlichen Indienbilder ist für Indien auch heute noch von Bedeutung. Wenn separatistische Gruppen wie die Hindutva die Besonderheit des religiösen und antiszientistischen Indiens betonen, dann orientieren sie sich in Wahrheit an dem exotisierenden Indienbild aus dem Westen und haben sich gerade nicht aus dem Griff der westlichen Indienkonstruktion befreit, so kritisiert Sen.[227] Übrigens sind nicht alle Perspektiven auf Indien aus dem Westen so einseitig. Es gibt auch löbliche Ausnahmen, die ein differenzierteres Bild zeichnen. Voltaire beispielsweise hat bemerkt, dass nicht nur viele europäische Fabeln und so kluge Spiele wie Backgammon und Schach ursprünglich aus Indien stammen, sondern auch die ersten Prinzipien der im Westen ebenfalls verwendeten Geometrie.[228]

Bereits in seinen entwicklungsökonomischen Arbeiten vergleicht Sen Indien immer wieder mit China.[229] Dabei weist er stets darauf hin, dass Indien in Fragen der sozialen und ökonomischen Entwicklung viel von China lernen kann, insbesondere von dem post-maoistischen China seit der Regierung von Deng Xiaoping. Gerade in Fragen der Gleichberechtigung von Mann und Frau, der allgemeinen Bildung und der Grundversorgung der Landbevölkerung mit Nahrung und Gesundheitsgütern ist China ein Vorbild. Zugleich ist China in Fragen der politischen Entwicklung weniger fortschrittlich, weil es keine Demokratie, keine Meinungsfreiheit und keine mit der indischen vergleichbare Zivilgesellschaft kennt. Sen betont stets, dass diese politischen Errungenschaften aus der Sicht seines Fähigkeitenansatzes auch Teil der Entwicklung eines Landes seien, weil sie neue Fähigkeiten und Handlungsmöglichkeiten eröffnen.

Mit Blick auf die indische Kultur und Identität verweist Sen auf die mehr als zweitausend Jahre zurückreichende gemeinsame Geschichte Indiens und Chinas und den regen kulturellen Austausch, der in dieser Zeit zwischen diesen beiden Ländern stattgefunden hat. Diese gemeinsame Geschichte, so betont er, betrifft immerhin ein Drittel der heutigen Weltbevölkerung und es lohne sich, wenn sich Indien und China ihre historische Nähe und ihre geteilte Zivilisation vergegenwärtigen. Insbesondere der über die buddhistische Religion vermittelte Austausch hat die beiden Länder eng miteinander verbunden. Darüber hinaus gab es aber stets auch in anderen Bereichen, z.B. in der Astronomie, der Mathematik und der Medizin, eine rege Verbindung. Manche Historiker gehen davon aus, dass China mehr von der indischen Kultur übernommen hat als umgekehrt. Sen führt das jedoch darauf zurück, dass die historischen Aufzeichnungen in China besser erhalten sind als in Indien. Er geht von einem gleich großen Transfer aus.[230]

Die Rolle Indiens auf dem südasiatischen Subkontinent und das Verhältnis zu Nachbarn wie Bangladesch, Pakistan und Sri Lanka thematisiert Sen nicht systematisch, sondern streift sie nur hin und wieder am Rande. Allerdings betont er dabei, dass die Länder des Subkontinents einander nicht als ethnisch, religiös oder sonstwie kulturell homogene und gegensätzliche Blöcke gegenübergestellt werden sollten. Es handele sich um Staaten mit multiethnischen, multireligiösen und insgesamt multikulturellen Bevölkerungen, die liberal und tolerant miteinander umgehen können und sollten. Der Tatsache, dass dies gegenwärtig nicht gut funktioniert, ist er sich freilich bewusst. Ein offener Austausch sollte seiner Einschätzung nach aber das erklärte politische Ziel dieser Staaten sein. Indien sollte sich und seine Nachbarn so verstehen und mit gutem Beispiel vorangehen.[231]

Aus diesem Grund kritisiert er auch die indische Entscheidung, zu einer Atommacht zu werden, scharf. Sie habe nicht nur dazu geführt, dass Pakistan ebenfalls massiv aufgerüstet hat und zu einer Atommacht geworden ist (auf der Welt sind sich zwei im Konflikt befindliche Atommächte nirgendwo so nahe wie auf dem südasiatischen Subkontinent), sondern die Bewaffnung habe auch die friedliche Koexistenz und Kooperationsmöglichkeiten auf dem Subkontinent erheblich erschwert sowie religiösen Sektierern einigen Zulauf beschert. Entsprechend ist die Zugehörigkeit von Kaschmir zwischen Indien und Pakistan weiterhin umstritten. Selbst nachdem Indien im Jahre 1998 Atombomben getetstet hatte, kam es ein Jahr später zu einer bewaffneten Auseinandersetzung über Kaschmir, die in den vierten pakistanisch-indischen bzw. dritten Kaschmirkrieg mündete.[232]

Hier zeigt sich noch einmal deutlich die Verbindung von Fragen der Kultur und Identität mit realpolitischen Problemen und der Gefahr von Gewaltausbrüchen. Dem setzt Sen die Idee kultureller Vielfalt und darauf beruhend die individuelle Freiheit im Umgang mit immer im Plural vorhandenen Identitäten entgegen. Die Möglichkeit, von dieser individuellen Freiheit Gebrauch zu machen und sich an einer kulturellen Durchmischung durch Bejahung verschiedener Identitäten zu beteiligen, hat durchaus ökonomische und politische Voraussetzungen, wie Sen zugesteht.

Vor allem komme es jedoch darauf an, sich von den Zerrbildern kultureller Einheit und Eindeutigkeit zu befreien. In diesem Sinne fordert Sen die Menschen im Osten und Süden der Welt auf, sich endlich aus der kulturellen Dominanz des Westens zu lösen. Vom Westen würden sie unter anderem deshalb noch immer dominiert, weil sie den Postkolonialismus als aktive Abgrenzung vom Westen interpretierten und so beispielsweise Ideen der Freiheit und Demokratie als westlich ablehnten.[233] Erst wenn sie sich nicht mehr vom Westen abzugrenzen bemühten, sondern Ideen wie individuelle Freiheit und Demokratie aus ihren eigenen Traditionen und vernünftiger Einsicht heraus befürworten können, hätten sie sich tatsächlich aus dieser Dominanz befreit.

Dieses Kapitel abschließend lässt sich noch einmal betonen, dass das Verständnis pluraler und dadurch im Kern liberaler Identitäten von Sen eher als realistische normative Forderung und nicht als bloße Beschreibung der notwendigen Beschaffenheit von Identitäten zu verstehen ist. Sen ist sich durchaus darüber im Klaren, dass es Menschen gibt, die einer singulären Identität absolute Dominanz gewähren. Dies beruhe aber, so insistiert er, auf einer Entscheidung und ist nicht einfach natürlicherweise gegeben. Diese Position zur individuellen und gesellschaftlichen Freiheit im Umgang mit Identitäten fügt sich gut in seine Kritik des ökonomischen Rationalitätsbegriffs und in seinen Fähigkeitenansatz. Rationalität beschränkt sich nicht auf das Eigeninteresse, sondern kann eine Vielzahl von Sympathien und Verpflichtungen einschließen, also plurale Identitäten ermöglichen.

Zugleich lassen sich plurale Identitäten nur dann entwickeln und ausleben, wenn die Menschen über die hinreichenden Fähigkeiten und Handlungsfreiräume verfügen. Sens liberale Position zur Pluralität von Identitäten ist also voraussetzungsvoll und erfordert eine bestimmte politische und soziale Kultur. Gerade deswegen würde man diese normativ orientierte Position unterschätzen, wenn man sie nur als bloßes Wunschdenken einer liberalen Welt abtut. Sie kann etwas über die kulturellen und sozioökonomischen Voraussetzungen sagen, die es Menschen ermöglichen, die in der Pluralität ihrer Lebensweise bereits angelegten pluralen Identitäten auch entfalten und ausleben zu können und so zu einer liberalen Haltung zu gelangen. Auf dieser Grundlage kann die Position von Sen zu Identität und Freiheit durchaus eine reale sozialkritische und politische Wirkung entfalten, ebenso wie es seine entwicklungsökonomischen Arbeiten bereits getan haben.

Schluss

In dieser Einführung wurde Amartya Sen als Theoretiker der Freiheit vorgestellt. Freiheit ist natürlich nicht das einzige Thema, das ihn beschäftigt hat; auch dies sollte deutlich geworden sein. Es ist noch nicht einmal so, dass es Sen im Kontext der Entscheidungstheorie, Entwicklungstheorie, Gerechtigkeitstheorie und Identitätstheorie immer vordringlich um Fragen der Freiheit ginge. Tatsächlich geht es ihm vor allem um rationale Entscheidungen, Entwicklung(en), Gerechtigkeit und Identität. Aber Freiheit spielt bei all diesen Themen eine wichtige Rolle, und das macht Sen zu einem Theoretiker der Freiheit. Es lohnt sich daher, zum Schluss noch einmal Revue passieren zu lassen, auf welche Weise Freiheit bei diesen vielfältigen Themen für ihn von Bedeutung ist.

In der Entscheidungstheorie verfolgt Sen mit seiner Sozialwahltheorie das besondere Anliegen, die ökonomische Wissenschaft und ihr Menschenbild aus dem engen Korsett der Theorie des *homo oeconomicus* zu befreien. Menschen sind nicht gezwungen, stets in einem engen Sinne nach einem auf ihre eigene Wohlfahrt ausgerichteten Eigeninteresse zu entscheiden. Stattdessen besitzen sie die Entscheidungsfreiheit, auch aus Sympathie für andere und aus einer oftmals selbstgewählten Verpflichtung auf der Grundlage von Regeln und Normen zu handeln. Die ökonomische Theorie muss dieser Freiheit der Menschen gerecht werden, sonst droht sie die Menschen strukturell in das enge Korsett des *homo oeconomicus* hineinzuzwängen und ihnen die Entscheidungsfreiheit zu nehmen.

In der Entwicklungstheorie plädiert Sen für einen stetigen Zuwachs an Freiheit als Ziel von Entwicklung. Auf der Grundlage seiner Entscheidungstheorie entwickelt er einen Fähigkeitenansatz, der der möglichen Pluralität von Handlungszielen gerecht wird. Nicht nur die eigene Funktionsweise bzw. das eigene Wohlbefinden trägt zur Lebensqualität der Menschen bei, sondern auch die Handlungsfreiheit, andere Handlungserfolge realisieren zu können. Da den Menschen außerdem nicht vorzuschreiben ist, welche vernünftige Vorstellung vom eigenen guten Leben sie zu realisieren haben, kann es nicht Aufgabe der Entwicklungsarbeit sein, Funktionsweisen und Handlungserfolge direkt zu verwirklichen. Vielmehr soll die Freiheit der Menschen erweitert werden, indem ihnen mehr Fähigkeiten und Handlungsfreiheiten verschafft werden. Sie können dann selbst entscheiden, welche Handlungserfolge und Funktionsweisen sie realisieren wollen.

In der Gerechtigkeitstheorie plädiert Sen für die politische Freiheit von Bürgern, gemeinsam darüber zu entscheiden, welche Prioritäten sie in Fragen der Gerechtigkeit setzen wollen. Sie sind darin nicht willkürlich frei, aber sie besitzen die Freiheit, kollektiv von ihrer Vernunft öffentlichen Gebrauch zu machen, um Prioritäten für konkrete Maßnahmen zur Verbesserung ungerechter Zustände zu treffen. Sie sind nicht völlig frei, weil sie unparteilich und objektiv sein müssen, wenn sie von ihrer Vernunft Gebrauch machen. Daraus folgt für Sen, dass sie eine globale Perspektive einnehmen und die Freiheiten aller Menschen gemäß dem Fähigkeitenansatz zum Gegenstand ihrer Gerechtigkeitsüberlegungen machen müssen. Dies lässt jedoch noch Freiraum für einen vernünftigen Pluralismus, innerhalb dessen die Bürger kollektiv über Prioritäten entscheiden können.

Was die Identitätstheorie anbelangt, nimmt Sen die Position ein, dass Menschen ihre Identitäten selbst bestimmen können. Sie können ihre Identitäten nicht in dem Sinne frei wählen, dass sie zunächst keine Identitäten haben und sie dann anziehen wie Kleider. Aber sie können sich zu ihren Identitäten verhalten, ihnen mehr oder weniger Bedeutung beimessen und manche Identitäten auch abstreifen und neue hinzugewinnen. Vor allem können sie die Pluralität ihrer Identitäten bejahen. Insofern ist Identität kein Schicksal, sondern Menschen sind im Umgang mit ihren Identitäten prinzipiell frei. Dies gilt auch für den gesellschaftlichen Umgang mit individuellen Identitäten und der Konstruktion von nationalen Traditionen. Auf dieser Grundlage plädiert Sen für einen liberalen Multikulturalismus der kulturellen Vermischung und nicht der bloßen Koexistenz.

Die vielfältigen Bezüge auf Freiheit in der Entscheidungs-, Entwicklungs-, Gerechtigkeits- und Identitätstheorie führen jedoch noch nicht zu einer einheitlichen Theorie der Freiheit. Das ist wohl auch gar nicht das Ziel von Sen. Freiheit ist für ihn vielmehr ein in sich pluralistischer, aber für das gelingende Leben des Menschen zentraler Wert, der in verschiedenen Kontexten auf ganz unterschiedliche Weise zur Geltung kommt; als politische Freiheit, als ökonomische Freiheit, als persönliche Freiheit und als evaluative Freiheit.[234] Der Begriff der Würde spielt in den Arbeiten von Sen keine besondere Rolle, und er verwendet ihn nur ab und zu und eher unbestimmt. Aber wenn er sich diesem Begriff zuwenden würde, dann könnte er wohl sagen, dass ein Leben in Würde von der Verwirklichung dieser vielfältigen menschlichen Freiheiten abhängt. Solch ein würdevolles Leben wäre dann wohl auch der Grund dafür, warum all diese Freiheiten in ihrer Vielfalt für Sen von so großer Bedeutung sind.

Sen bildet seine Theorien in deutlich progressiver und emanzipatorischer Absicht aus und setzt auf die praktische Kraft von

Theorien, weil er auf die praktische Kraft der Vernunft setzt. Zugleich ist er sich der Tatsache bewusst, dass die Freiheiten, um die es ihm geht, in vielen Hinsichten kaum realisiert sind. Die ökonomische Theorie orientiert sich immer noch am *homo oeconomicus*, und dort, wo sie praktisch wirkungsmächtig ist, drängt sie Menschen tatsächlich in dieses enge Korsett. Dies gilt beispielsweise für die Art, wie viele Unternehmen oder aber auch wie die Finanzmärkte organisiert sind. In der Entwicklungsökonomie wird noch immer auf einseitige Konzepte der ökonomischen Liberalisierung gesetzt, und noch immer leben sehr viele Menschen in absoluter Armut, so dass es ihnen selbst an basalen Fähigkeiten mangelt.

Öffentliche Diskussionen orientieren sich allzu häufig nicht an Fragen der Gerechtigkeit und sind nur selten Ausdruck eines öffentlichen Vernunftgebrauchs. Vielmehr stehen Medien oftmals im Dienst von partikularen Interessen und dienen der Ausübung von Macht. Auf diese Weise können schrittweise Verbesserungen von bestehenden Ungerechtigkeiten nicht zustande kommen. Nicht zuletzt durch eine Tendenz der Medien zur Bildung von Stereotypen lassen sich viele Menschen dazu verführen, ihre Persönlichkeit auf eine singuläre, religiöse oder ethnische Identität zu reduzieren, der sie dann alles andere unterordnen. Der Kampf zwischen den Kulturen ist angesichts der individuellen Freiheit im Umgang mit Identitäten sicher keine Notwendigkeit, wird aber von fundamentalistischen Kräften zumindest punktuell immer wieder angefeuert und stellt daher eine reale Gefahr dar.

Es gibt also aus der Sicht von Sen nach wie vor viele globale Aufgaben und Herausforderungen, um in all diesen Bereichen mehr Freiheit zu schaffen. Der Beitrag der Theorie besteht darin, deutlich herauszustellen, dass diese Aufgaben bestehen und was auf dem Spiel steht. Sie kann diese Aufgaben nicht lösen, denn es sind praktische Aufgaben, aber sie kann der Praxis eine

Orientierung darüber verschaffen, was zu tun ist. Ein weiterer theoretischer Beitrag, den Sen selbst nur am Rande diskutiert, dessen Bedeutung er sich aber vollkommen bewusst ist, besteht in einer Orientierung darüber, wessen Aufgabe es eigentlich ist, diese Freiheiten zu schaffen und zu fördern. Eine Sozialtheorie kann und muss etwas darüber sagen, wer die Akteure der Gerechtigkeit sind und wer für politische und ökonomische Freiheit verantwortlich ist sowie dafür, der Persönlichkeit und den individuellen Entscheidungsmöglichkeiten der Menschen genug Freiraum zu schaffen. Auch dafür hat Sen mit seinen Arbeiten eine wichtige Grundlage gelegt.

Anhang

Anmerkungen

1 Er ist immer wieder auf der Liste der Top 100 Global Thinker des *Foreign Policy Magazine* zu finden.

2 Dieses und die folgenden Zitate sind meine Übersetzungen aus seiner Autobiografie, die er für den Nobelpreis erstellt hat: http://www.nobelprize.org/nobel_prizes/economic-sciences/laureates/1998/sen-bio.html (letzter Zugriff 22.06.2013)

3 Vgl. dazu *Argumentative Indian*, Kap. 5.

4 Siehe: http://scholar.harvard.edu/files/sen/files/cv_sen_amartya_jan2013 _0.pdf (letzter Zugriff: 22.06.2013).

5 Vgl. für eine Einführung in die wirtschaftswissenschaftlichen Arbeiten von Sen: Gaertner, *Amartya Sen*, 2009.

6 Sen selbst schreibt in seiner Autobiografie, dass er dieses Thema für die Doktorarbeit gewählt hat, weil in Cambridge niemand eine Arbeit zur Sozialwahltheorie betreuen wollte. Vgl. *Autobiography*.

7 Sen diskutiert öfter die Relevanz der Frage, ob individuelle Interessen, Urteile oder Entscheidungen aggregiert werden sollen, weil dies zu unterschiedlichen Ergebnissen führen kann. So wie er selbst an vielen Stellen es tut, wird auch hier von diesem Problem zunächst abstrahiert. Vgl. *Choice, Welfare and Measurement* und *Rationality and Freedom* (insbesondere die Einleitungen), vgl. auch *Social Choice Theory* und *Rationality and Social Choice*.

8 Arrow selbst sprach etwas verwirrend auch von einem »general possibility theorem«. Er hat seinen Ansatz umfassend dargestellt in: Arrow, *Social Choice and Individual Values*, 1951.

9 Die Grundidee von Arrow besteht darin, dass Individuen ihre Präferenzen für sich vielleicht noch in eine Rangordnung bringen können. Wenn jedoch alle individuellen Rangordnungen gleichermaßen gewichtet werden, dann lassen sie sich nicht widerspruchsfrei in eine gemeinsame kollektive Rangordnung bringen. Sen hat das Unmöglichkeitstheorem von Arrow an vielen Stellen kritisiert, insbesondere da-

für, dass es nicht genug Informationen zur Entscheidungsfindung zulässt. Vgl. beispielsweise *Social Choice Theory: A Re-examination* und seine Rede anlässlich der Verleihung des Nobelpreises *The Possibility of Social Choice.*

10 Eine Einführung in die Sozialwahltheorie, die allerdings Kenntnisse in formaler Mengenlehre voraussetzt, liefert: Gaertner, *A Primer in Social Choice Theory*, Oxford 2006. Zum Einstieg eignet sich auch von Sen selbst die Einleitung aus *Rationality and Freedom.*

11 Zur Einführung in die *public choice theory*: Mueller, *Public Choice III*, 2003, und Kirsch, *Neue Politische Ökonomie*, 2004.

12 Vgl. die Einleitung aus *Rationality and Freedom* und *Rational Fools: A Critique of the Bahavioral Foundations of Economic Theory.*

13 Dieser Abschnitt stützt sich stark auf: Dhongde/Pattanaik, *Preference, Choice, and Rationality: Amartya Sen's Critique of the Theory of Rational Choice in Economics*, 2010. Als Einstieg eignet sich bei Sen die Einleitung zu *Rationality and Freedom.*

14 Allerdings versucht eine zunehmend empirisch orientierte ökonomische Forschung derzeit genau dies für ausgewählte Bereiche unter der Bezeichnung »Verhaltensökonomie« zu leisten. Vgl. dazu Cartwright, *Behavioral Economics*, 2011, und für eine kritische Auseinandersetzung mit dieser Entwicklung: Caspari/Schefold, *Wohin steuert die ökonomische Wissenschaft?: Ein Methodenstreit in der Volkswirtschaftslehre*, 2011.

15 So bereits in: *Collective Choice and Social Welfare.*

16 Die klassische Formulierung des schwachen Axioms der offenbarten (oder bekundeten) Präferenzen, also der »revealed preferences« findet sich in: Samuelson, *A Note on the Pure Theory of Consumers' Behaviour*, 1938. Sen setzt sich an vielen Stellen mit Samuelson auseinander, beispielsweise in *Behavior and the Concept of Preference* und *Internal Consistency of Choice.*

17 *Internal Consistency of Choice*, S. 499 (eigene Übersetzung).

18 Eine Darstellung in deutscher Sprache findet sich in der Übersetzung des immer noch viel gelesenen Einführungswerks: Samuelson, *Foundations of Economic Analysis*, 1947 (auf deutsch als: *Volkswirtschaftslehre: Das internationale Standardwerk der Makro- und Mikroökonomie*, 2010).

19 Vgl. die Einleitung aus *Rationality and Freedom* und *Rational Fools: A Critique of the Behavioral Foundations of Economic Theory.* Für eine kri-

tische Würdigung: Peacock, *Sen's Apples: Commitment, Agent Relativity and Social Norms*, 2011.

20 Vgl. dazu Morris, *Ethics and Economics*, 2010.

21 Denn das Motiv der Höflichkeit beruht auf zugeschriebenen mentalen Zuständen, die sich nicht beobachten lassen. Solche nicht beobachtbaren mentalen Zustände zu umgehen war gerade das Motiv einer naturwissenschaftlich orientierten Wirtschaftswissenschaft dafür, sich nur an sichtbarem Verhalten zu orientieren. Vgl. für eine gute Übersicht: Rosenberg, *Philosophy of Social Science*, 2012, S. 60-65.

22 Vgl. z.B. *Rationality, Interest and Identity* und *On Ethics and Economics*.

23 Von Neumann und Morgenstern haben die Standardtheorie (*expected utility theory*) entwickelt, um erwartete Nutzen entscheidungstheoretisch berücksichtigen zu können: Von Neumann/Morgenstern, *Spieltheorie und wirtschaftliches Verhalten*, 1961.

24 Vgl. zur Diskussion dieser kontroversen Annahme: Hausman/McPherson, *Economic Analysis, Moral Philosophy, and Public Policy*, 2006, S. 79 ff.

25 Vgl. *Plural Utility*.

26 Diese Unterscheidung verwendet Sen in zahlreichen Arbeiten. Einen guten Überblick gibt: *Rationality and Freedom*, S. 33 f. Dort finden sich auch die folgenden Argumente.

27 Vgl. *Prediction and Economic Theory*.

28 *On Ethics and Economics*, S. 16.

29 *Rational Fools: A Critique of the Behavioral Foundations of Economic Theory*. Vgl zur Diskussion: Morris, *Ethics and Economics*, 2010.

30 Der Verweis auf die Werthaltung rückt Sen in die Nähe von Max Weber und seiner Unterscheidung von Zweckrationalität und Wertrationalität. Tatsächlich kann man in dieser Hinsicht Ähnlichkeiten zwischen den beiden Denkern entdecken.

31 Vgl. *Prediction and Economic Theory*.

32 Vgl. *Prediction and Economic Theory*, S. 17.

33 *The Impossibility of a Paretian Liberal*. Vgl. auch *Liberty and Social Choice; Well-being, Agency, Freedom* und *Minimal Liberty*. Für eine gute Einführung: Hausman/McPherson, *Economic Analysis, Moral Philosophy, and Public Policy*, 2006, S. 225-228.

34 Ökonomen sprechen dann davon, dass der Zustand X dem Zustand Y gegenüber Pareto-superior ist. Pareto-optimal ist ein Zustand X,

wenn es keinen Zustand mehr gibt, der ihm gegenüber Pareto-superior ist. Für eine Einführung in das Vokabular: Wiese, *Mikroökonomik*, 2005, S. 267-286.

35 Später verwendet Sen andere Beispiele, weil *Lady Chatterleys Liebhaber* seinen anrüchigen Charme verloren hat. In: *Liberty and Social Choice* diskutiert er ein Beispiel aus dem Arbeitsleben.

36 Pettit, *Freedom in the Spirit of Sen*, 2010, S. 91 (eigene Übersetzung). Dieser Abschnitt hat den Texten von Pettit zum Freiheitsverständnis von Sen viel zu verdanken. Vgl. auch Pettit, *Capabilities and Freedom: A Defense of Sen*, 2001, und Pettit, *Construing Sen on Commitment*, 2005. Sen selbst äußert sich eher kritisch gegenüber Pettit und dessen Rekonstruktion und Erweiterung seines Ansatzes. Vgl. *Die Idee der Gerechtigkeit*, 2010, S. 332 (Fn.). Vgl. zur Diskussion auch: List, *The Impossibility of a Paretian Republican? Some Comments on Pettit and Sen*, 2004.

37 Vgl. *Liberty and Social Choice* sowie *Rationality and Freedom*, Kap. 20/21.

38 Vgl. z.B. *Commodities and Capabilities* und *Inequality Re-examined*; vgl. auch Elster, *Sour Grapes: Studies in the Subversion of Rationality*, 1985, S. 109-140. Elster hat den Begriff der adaptiven Präferenzen maßgeblich geprägt.

39 Die ersten systematischen Formulierungen dieser Unterscheidungen finden sich in: *The Standard of Living und Inequality Re-examined*. Den besten Einstieg liefert: *Ökonomie für den Menschen*. Vgl. Kapitel 2.2 für den Fähigkeitenansatz.

40 Pettit, *Capabilities and Freedom: A Defense of Sen*, 2001; Pettit, *Construing Sen on Commitment*, 2005, und Pettit, *Freedom in the Spirit of Sen*, 2010.

41 Die Verbindung seiner Überlegungen zur Sozialwahltheorie, Freiheit und Gerechtigkeit mit einer Demokratietheorie sind im Laufe seiner Arbeiten immer deutlicher und stärker geworden. Vgl. dazu insbesondere *Idee der Gerechtigkeit*, S. 347-381. Vgl. auch die Kapitel 3.3 und 3.4 dieser Einführung.

42 Es besteht eine große Nähe zwischen dem Utilitarismus und der ökonomischen Theorie. Diese geht bereits auf Autoren wie James Mill, Jeremy Bentham und John Stuart Mill zurück. Vgl. Rosenberg, *Philosophy of Social Science*, 2012, S. 260-269.

43 Vgl. dazu *Idee der Gerechtigkeit*, S. 347-381.

44 Vgl. *On Ethics and Economics*; *Inequality Re-examined*; *On Economic Inequality* und die Einleitung aus *Rationality and Freedom*.

45 Um die Frage, was eigentlich die richtige »Währung« für wohlfahrts-ökonomische und gerechtigkeitstheoretische Überlegungen ist, wird es in Kapitel 2 gehen.

46 Vgl. *Poverty and Famines*, Kap. 3.5; *Poverty: An Ordinal Approach to Measurement*; *On Weights and Measurements: Informal Constraints in Social Welfare Analysis*; *Poor, Relatively Speaking*. Dieser Abschnitt hat sehr profitiert von Vallentyne, *Sen on Sufficiency, Priority, and Equality*, 2010.

47 Die Zahlen gelten für 2005 und sind von der Weltbank erhoben. Vgl. *The World Bank: World Development Indicators*, 2008.

48 Temkin, *Inequality*, 1993.

49 Rawls, *Gerechtigkeit als Fairness*, 2006, S. 78; Rawls, *Theorie der Gerechtigkeit*, 1979, S. 81.

50 Vgl. z.B. Vallentyne, *Equality, Efficiency, and Priority of the Worst Off*, 2000.

51 Vgl. *Equality of What* und *Inequality Re-examined*.

52 Dafür argumentiert besonders vehement auch Parfit, *Equality and Priority*, 1997.

53 Vgl. *Equality of What?*

54 Für einen Einstieg eignet sich Gaertner, *A Primer in Social Choice Theory*, 2006.

55 Vgl. für eine recht prominente Auseinandersetzung mit dem Verhältnis von Ökonomie und Ethik: Sedlacek, *Die Ökonomie von Gut und Böse*, 2012.

56 Inzwischen gibt es in der Wirtschaftswissenschaft eine Strömung der *behavioral economics*, die stark empirisch arbeitet und versucht, die tatsächlichen Präferenzen der Menschen zu ermitteln. Allerdings ist die Forschung meist auf sehr kleine Gruppen in künstlichen Umwelten des Versuchssettings beschränkt. Vgl. für eine Übersicht: Frey, *Happiness: A Revolution in Economics*, 2010. Allerdings entgehen auch diese *behavioral economics* nicht dem Einwand von Sen, ein sehr verkürztes Verständnis von Rationalität in ihr Forschungsdesign zu integrieren.

57 Vgl. dazu ausführlich: Hausman/McPherson, *Economic Analysis, Moral Philosophy, and Public Policy*, 2006.

58 Vgl. z.B. *Commodities and Capabilities; Inequality Re-examined; Ökonomie für den Menschen*, Kap. 3; *Well-being, Agency, Freedom* sowie Elster, *Sour Grapes*, 1995, S. 109-140.

59 Dies arbeitet er besonders deutlich mit Blick auf Indien heraus: *India: Development and Participation*. Vgl. allgemein: *Die Idee der Gerechtigkeit*, S. 347 ff.

60 Robbins, *An Essay in the Nature and Significance of Economic Science*, 1935.

61 Hausman/McPherson, *Economic Analysis, Moral Philosophy, and Public Policy*, 2006, S. 135.

62 *Ökonomie für den Menschen*, Kap 1.

63 Vgl. *The Possibility of Social Choice* und *Rationality and Freedom*, Kap. 1.

64 Vgl. *The Standard of Living; Capabilities and Well-Being; Ökonomie für den Menschen*, Kap. 12.

65 Vgl. *Ethics and Economics*, S. 80, sowie *Utilitarianism and Beyond*, Introduction.

66 Vgl. *Rights and Agency*.

67 Vgl. *Maximization and the Act of Choice*.

68 Dies ändert natürlich nichts daran, dass der Streit zwischen »Deontologen« und »Konsequentialisten« auf vielen Ebenen weitergeht. Sen selbst hat sich an diesen zum Teil sehr kleinteiligen Debatten jedoch nicht mehr beteiligt. Vgl. für eine gegenwärtige Position, die durchaus im Sinne von Sen behauptet, dass sich alle deontologischen Erwägungen in eine konsequentalistische Theorie einbetten lassen: Portmore, *Commonsense Consequentialism*, 2011.

69 *Ökonomie für den Menschen*, S. 18 f.

70 *Ökonomie für den Menschen*, S. 253; vgl. auch Alkire, *A Misconceived Theory Can Kill*, 2010.

71 Vgl. für Überblicksbände, die diesen Eindruck bestätigen: Basu/Ravi, *Arguments for a better World*, 2009, und Morris, *Amartya Sen*, 2010.

72 Vgl. dazu *The Standard of Living*. Als Einführung in die Thematik eignet sich am besten *Ökonomie für den Menschen*.

73 Siehe *Poverty: An Ordinal Approach to Measurement; Poor, Relatively Speaking*.

74 Seine Kritik an der Wohlfahrtsökonomie formuliert Sen an vielen Stellen. Vgl. z.B. *Commodities and Capabilities*. Dieser Abschnitt folgt in wesentlichen Teilen der Darstellung von Crocker, *Ethics of Global Development*, 2008, Kap. 4.

75 Vgl. Hausman/McPherson, *Economic Analysis, Moral Philosophy, and Public Policy*, 2006, S. 118 ff.

76 Vgl. *Ökonomie für den Menschen*, S. 75-81.

77 Rawls, *Theorie der Gerechtigkeit*, 1979, S. 40-45. Vgl. auch den von Sen zusammen mit Bernard Williams herausgegebenen Sammelband *Utilitarianism and Beyond*.

78 Vgl. dazu *Rights and Agency*.

79 Vgl. z.B. *Commodities and Capabilities* und *Inequality Re-examined*. Vgl. vor allem Elster, *Sour Grapes*, 1985, S. 109-140.

80 Vgl. *Well-being, Agency, Freedom*.

81 Dies wird besonders anschaulich in *India: Development and Participation*, Kap. 10. Vgl. auch *Ökonomie für den Menschen*, Kap. 6.

82 Diese Annahme ist in letzter Zeit in die Kritik geraten, und es wird vermehrt über Postwachstum diskutiert. Vgl. z.B. Jackson, *Wohlstand ohne Wachstum*, 2011, und Paech, *Befreiung vom Überfluss*, 2012.

83 Vgl. für eine Übersicht die Einleitung zu *Resources, Values and Development*.

84 *Inequality Re-examined*, S. 65 (eigene Übersetzung).

85 Dies ist für Sen selbst wohl der entscheidende Vorteil seines Ansatzes. Vgl. z.B. *Commodities and Capabilities*, S. 26; *Well-Being, Agency, Freedom*; *The Standard of Living*, S. 16; *Ökonomie für den Menschen*, Kap. 3 und 4.

86 Smith, *Der Wohlstand der Nationen*, 1978, S. 747. Vgl. *Ökonomie für den Menschen*, S. 94.

87 Vgl. Rawls, *Eine Theorie der Gerechtigkeit*, 1979, S. 111-115.

88 Nussbaum, *Woman and Human Development*, 2000, S. 148.

89 Vgl. *Ökonomie für den Menschen*, S. 22 f.

90 Rawls, *Politischer Liberalismus*, 1993, Kap. V, § 3.

91 Diesen Punkt hat Thomas Pogge wieder aufgegriffen, um den Rawls'schen Güteransatz gegen Sen zu verteidigen. Vgl. Pogge, *Can the Capability Approach Be Justified?*, 2002; Pogge, *A critique of the capability approach*, 2010. Vgl. für Antworten: Ashford, *Justifying the capabilities approach to justice*, 2010; Oosterlaken, *Is Pogge a Capability Theorist in*

Disguise?, 2010, und Sen selbst: *The place of capability in a theory of justice.*

92 Vgl. Crocker, *Ethics of Global Development*, 2008, S. 129-140.

93 Vgl. *Resources, Values and Development*, Kap. 20.

94 Ebd.

95 Vgl. *Elements of a Theory of Human Rights.*

96 Vgl. *Resources, Values and Development*, Kap. 20.

97 Crocker, *Ethics of Global Development*, 2008, S. 159.

98 Sen hat den Ansatz zuerst in seiner Tanner-Lecture *Equality of What?* vorgestellt und dann systematisch in *Commodities and Capabilities* sowie *The Standard of Living* ausgebaut. Die beste Einführung ist sicher *Ökonomie für den Menschen*. Martha Nussbaum hat ihren Ansatz vor allem in *Women and Human Development*, 2000, und *Die Grenzen der Gerechtigkeit*, 2006, vorgestellt. *Creating Capabilities*, 2012, stellt eine Einführung in den Ansatz insgesamt dar, natürlich aus ihrer Perspektive.

99 Vgl. dazu Anand/Sen, *Human Development Index: Methodology and Measurement*, 1994; und für eine persönliche Darstellung auch: *Autobiography.*

100 Wie sich unten noch zeigen wird, ist es wichtig, zwischen einem bloß abstrakten Können (*ability*) und einer realen Fähigkeit (*capability*) zu unterscheiden. Jemand *kann* vielleicht schwimmen, wenn er aber in ein Hochsicherheitsgefängnis ohne Schwimmanlage eingesperrt ist, dann ist er nicht wirklich *fähig*, schwimmen zu gehen. Bernard Williams hat Sen in dieser Hinsicht herausgefordert, was zu einer Spezifizierung des Ansatzes geführt hat. Vgl. Williams, *Interests and Capabilities*, 1987.

101 Dieses griffige Beispiel führt Sen an zahlreichen Stellen an. Vgl. *The Standard of Living* und *Ökonomie für den Menschen*, S. 95.

102 *Inequality Re-examined*, S. 19-38.

103 Vgl. Poor, *Relatively Speaking.*

104 Vgl. *Capabilities and Well-Being.*

105 Vgl. *The Place of Capability in a Theory of Justice.*

106 Crocker, *Ethics of Global Development*, 2008, S. 151.

107 Vgl. *Rights and Agency* und *Well-being, Agency, Freedom.*

108 *Inequality Re-examined*, S. 56 f.

109 Cohen, *Amartya Sen's Unequal World*, 1994.

110 Crocker, *Ethics of Global Development*, 2008, S. 154.

111 Crocker, *Ethics of Global Development*, 2008, S. 159.

112 Nussbaum, *Creating Capabilities*, 2012, S. 33 f.

113 Vgl. *Ökonomie für den Menschen*, Kap 1.

114 Ein weiterer Unterschied zu Nussbaum besteht darin, dass sie für ihren Ansatz den Begriff der Würde stark macht. Vgl. Nussbaum, *Frontiers of Justice*, 2006, S. 69-80, und Nussbaum, *Menschenwürde und politische Ansprüche*, 2010. Allerdings ist unklar, ob nicht auch Sen die Idee der Menschenwürde als mögliche normative Grundlage seines Ansatzes akzeptieren würde. Dazu äußert er sich nicht.

115 Nussbaum, *Creating Capabilities*, 2012, S. 33 f.

116 Vgl. Capabilities, *Lists and Public Reason: Continuing the Conversation*.

117 *Elements of a Theory of Human Rights*, S. 333, Fn. 31, und *Human Rights and Capabilities*, S. 157 (eigene Übersetzung).

118 Vgl. Nussbaum, *Creating Capabilities*, 2012, S. 93.

119 Vgl. Wolff/de-Shalit, *Disadvantage*, 2007.

120 Allgemein gegen Theorien im Stile des Fähigkeitenansatzes von Sen hat Raymond Geuss diese Kritik formuliert: Geuss, *Kritik der politischen Philosophie*, 2011. Und speziell für den Fähigkeitenansatz: Dean, *Critiquing capabilities*, 2009.

121 *Idee der Gerechtigkeit*, S. 347-364.

122 Vgl. Nussbaum, *Capabilities as Fundamental Entitlements*, 2003; Anderson, *What is the Point of Equality?*, 1999.

123 Alkire, *Valuing Freedoms*, 2002, S. 85 ff. Vgl. auch Robeyns, *The Capability Approach in Practice*, 2006.

124 Stiglitz, *Mismeasuring Our Lives*, 2010.

125 Vgl. *Ökonomie für den Menschen*, Kap. 3.

126 Vgl. *Ökonomie für den Menschen*, Kap. 5.

127 Vgl. *On Economic Inequality* und *Inequality Re-examined*.

128 Vgl. *Poverty and Famines*, S. 24-44.

129 Vgl. *Poverty and Famines*.

130 *Ökonomie für den Menschen*, S. 198-201.

131 *Ökonomie für den Menschen*, S. 197. Vgl. zur Einschätzung der Rolle des Marktes auch: *India: Development and Participation*, S. 53-56.

132 Scalet und Schmidtz betonen insbesondere die Bedeutung der Eigentumsrechte in einer ökonomischen Architektur zur Verhinderung von Hungersnöten. Sen spricht diesbezüglich in seinen frühen Arbeiten

zu Hungersnöten von einem *endowment set* und einem *entitlement set*. Letzteres beschreibt die Ressourcen, die ein Mensch besitzen könnte, und Ersteres diejenigen, die er besitzt. Dabei handelt es sich um eine begriffliche Vorstufe zum Fähigkeitenansatz. Vgl. Scalet, Schmidtz, *Famine, Poverty, and Property Rights*, 2010.

133 *Ökonomie für den Menschen*, S. 222-224.

134 *India: Development and Participation*, Kap. 10.

135 *The Argumentative Indian*, S. 185 ff.; *Ökonomie für den Menschen*, S. 220-221. Eine deutlich kritischere Lesart der Haltung von Mao zu Informationen präsentiert Jonathan Glover. Demnach wollte Mao gar nichts von dem Fehlschlag des »großen Sprungs nach vorn« wissen und hat es willentlich hingenommen, über das Ausmaß der Katastrophe belogen zu werden. Vgl. Glover, *Humanity. A Moral History of the 20th Century*, 2012, S. 286-290.

136 Dies gilt zumindest für moderne Demokratien.

137 Vgl. für eine ausführliche Auseinandersetzung mit dieser Methodik: Alkire, *Valuing Freedoms*, 2002, und Alkire, *A Misconceived Theory Can Kill*, 2010.

138 Vgl. *India: Development and Participation*, Kap. 7; *Ökonomie für den Menschen*, Kap. 8; *The Argumentative Indian*, Kap. 11. Vgl. auch die in dieser Hinsicht sehr ähnliche Position von Nussbaum: *Women and Human Development*, 2000.

139 *More Than 100 Million Women Are Missing*, Vgl. auch: *India: Development and Participation*, S. 229-245; *The Argumentative Indian*, S. 224-226. Die Argumentation von Sen hat eine lebendige Diskussion unter feministischen Entwicklungsökonomen zu möglichen alternativen Erklärungsgründen ausgelöst, wie beispielsweise die regional ungleiche Verteilung von Hepatitis B.

140 *Ökonomie für den Menschen*, S. 241.

141 *India: Development and Participation*, S. 253 f.; *The Argumentative Indian*, S. 244-247.

142 Vgl. dazu Robeyns, *Sen's Capability Approach and Gender Inequality*, 2003.

143 Vgl. zu einer Diskussion dieses Punktes mit Bezug auf Sen: Rosenberg, *Philosophy of Social Science*, 2012, S. 279-282.

144 Die Verbindung von Ökonomie und Ethik hin zu einer normativen Ökonomik im Werk von Sen betonen insbesondere Hilary Putnam

und Vivian Walsh. Vgl. Putnam, *The Collapse of the Fact/Value Dichotomy*, S. 60-64; Walsh, *Normative and Positive Classical Economics*, 1998; Walsh, *Smith after Sen*, 2000, Walsh, *Sen after Putnam*, 2003. Vgl. auch Martins, *Sen, Sraffa and the Revival of Classical Political Economy*, 2012.

145 Vgl. für eine Übersicht: Robeyns, *The Capability Approach in Practice*, 2006. Besonders interessant ist auch die Ausweitung des Ansatzes auf die Eigentumstheorie: Alexander/Penalver, *An Introduction to Property Theory*, 2012, S. 89 f.

146 Das zentrale Merkmal dieser Liste von Autoren scheint die Transzendentalität zu sein und nicht der Institutionalismus. Für Cohen beispielsweise spielen gerechte Interaktionen eine sehr wichtige Rolle. Vgl. Cohen, *Rescuing Justice and Equality*, 2008. Vgl. dazu auch Tan, *Justice, Institutions, and Luck*, 2012.

147 *Idee der Gerechtigkeit*, S. 33 ff. Die Ausführungen in diesem Kapitel folgen sehr stark diesem Buch. Vgl. für einen guten Einstieg in seine Argumente auch: *What Do We Want From a Theory of Justice?* Vgl. für zwei gelungene Einführungen in die gegenwärtige Gerechtigkeitstheorie: Kymlicka, *Politische Philosophie heute*, 1997; Sandel, *Gerechtigkeit: Wie wir das Richtige tun*, 2013.

148 *Idee der Gerechtigkeit*, S. 39 f., 126. Vgl. zur Idee des übergreifenden Konsenses bei Rawls: *Gerechtigkeit als Fairness*, 2006: § 11. Ich gebe hier vor allem Textstellen von Rawls aus der späten überarbeiteten Version seiner Theorie in *Gerechtigkeit als Fairness* an, weil der Text viel verständlicher und konziser ist als *Eine Theorie der Gerechtigkeit*.

149 Rawls, *Gerechtigkeit als Fairness*, 2001: § 13.

150 Das Beispiel hat Sen bereits lange vor *Idee der Gerechtigkeit* verwendet, z.B. in *Ethical Issues in Income Distribution*.

151 *Idee der Gerechtigkeit*, S. 43 f.

152 *Idee der Gerechtigkeit*, S. 44. Er verwendet mit derselben Absicht noch ein anderes Beispiel: Für einen Vergleich der Höhe des Kilimandscharo und des Mount McKinley ist die Höhe des Mount Everest völlig unerheblich: *Idee der Gerechtigkeit*, S. 130.

153 *Idee der Gerechtigkeit*, S. 55.

154 *Idee der Gerechtigkeit*, S. 66-68. Vgl. auch *Uses and Abuses of Adam Smith*.

155 Dies betont Sen nicht nur in *Idee der Gerechtigkeit*, sondern auch in *The Place of Capability in a Theory of Justice*.

156 Vgl. Rawls, *Gerechtigkeit als Fairness*, 2006: § 7.

157 *Idee der Gerechtigkeit*, S. 173-176. Rawls scheint allerdings zu glauben, dass Zahl und Zusammensetzung der zu repräsentierenden Bevölkerung nicht wichtig sind, da es im Urzustand um bloß vernünftige Entscheidungen in Abstraktion von individuellen Besonderheiten geht. Sens Kritik läuft dann vielmehr darauf hinaus, dass dies kaum gelingen kann.

158 *Idee der Gerechtigkeit*, S. 99, 158-162. Vgl. auch: *Open and Closed Impartiality.*

159 *Idee der Gerechtigkeit*, S. 113, 121 f., 136 ff. Vgl. dazu auch Kapitel 1 dieser Einführung.

160 *Idee der Gerechtigkeit*, S. 179.

161 Rawls, *Das Recht der Völker*, 2002, S. 13-25.

162 Vgl. für erste Kritiken: Gilabert, *Comparative Assessments of Justice, Political Feasibility, and Ideal Theory*, 2012, sowie Riley, *Against Sen Against Rawls On Justice.*

163 *Idee der Gerechtigkeit*, S. 183 f. Vgl. auch *Positional Objectivity.*

164 *Idee der Gerechtigkeit*, S. 192-197.

165 Sen bezieht sich dabei auf Smith, *Theorie der ethischen Gefühle*, 2010. Wichtig ist für ihn auch die Arbeit seiner Frau über Smith: Rothschild, *Economic Sentiments*, 2002. Vgl. zu Smith auch Assländer, *Adam Smith zur Einführung*, 2007.

166 *Idee der Gerechtigkeit*, 200.

167 Darauf hat Sen nicht erst in *Idee der Gerechtigkeit* hingewiesen, sondern bereits in vielen vorherigen Arbeiten. Vgl. insbesondere die Einleitung zu *Rationality and Freedom*. Putnam beschäftigt sich explizit mit Sen in *The Collapse of the Fact/Value Dichotomy and Other Essays*, 2004. Vgl. auch Walsh, *Sen after Putnam*, 2003.

168 *Idee der Gerechtigkeit*, S. 216-218. Vgl. auch *Rational Fools.*

169 *Idee der Gerechtigkeit*, S. 220. Vgl. auch Kapitel 1.1 dieser Einführung.

170 Vgl. Scanlon, *What We Owe to Each Other*, 1998.

171 *Idee der Gerechtigkeit*, S. 228 ff.

172 David Crocker hat schon vor *Idee der Gerechtigkeit* auf diesen stark demokratischen Zug in den normativen Überlegungen von Sen hingewiesen. Vgl. Crocker, *Sen and Deliberative Democracy*, 2006.

173 Sen stützt sich hier auf die Überlegungen der Nobelpreisträgerin Einor Ostrom zum kooperativen Handeln: Ostrom, *Die Verfassung der Allmende*, 1999.

174 *Idee der Gerechtigkeit*, S. 233.

175 Vgl. *India*, Kap. 10.

176 Vgl. *The Argumentative Indian*, Kap. 1, und *Idee der Gerechtigkeit*, S. 355-361.

177 *Idee der Gerechtigkeit*, S. 347 ff.

178 Sen verweist öfter auf den früheren Premierminister von Singapur Lee Kuan Yew, der den ökonomischen Erfolg der »vier ostasiatischen Tiger« ihren antidemokratischen »asiatischen Werten« zugeschrieben hat.

179 *Idee der Gerechtigkeit*, S. 417 ff., und *India*, Kap. 10.

180 *Idee der Gerechtigkeit*, S. 361 f.

181 John Rawls und Thomas Nagel sind zwei prominente Autoren, die diese Position vertreten: Rawls, *Das Recht der Völker*, 2002, und Nagel, *The Problem of Global Justice*, 2004.

182 *Idee der Gerechtigkeit*, S. 435 ff.

183 Vgl. Meyer, *Mediokratie*, 2001, und Crouch, *Postdemokratie*, 2008.

184 *Idee der Gerechtigkeit*, S. 245-249. Vgl. für zentrale konsequentialistische Positionen: Darwall, *Consequentialism*, 2002.

185 Vgl. *Idee der Gerechtigkeit*, Kap. 11.

186 Vgl. *Idee der Gerechtigkeit*, S. 283-285, und Anderson, *Justifying the capabilities approach to justice*, 2010.

187 Vgl. *Idee der Gerechtigkeit*, S. 322-325. Vgl. für eine kritische Auseinandersetzung mit dem gerechtigkeitstheoretischen Egalitarismus auch: Michel, *Warum Gleichheit?*, 2011.

188 *Idee der Gerechtigkeit*, S. 412 f.

189 Vgl. *Idee der Gerechtigkeit*, S. 435 ff. Sen vertritt damit offensichtlich eine politische und keine naturrechtliche Position zu den Menschenrechten. Vgl. dazu auch Beitz, *The Idea of Human Rights*, 2011.

190 Eine deutliche Kritik an dieser Form einer idealistischen Gerechtigkeitstheorie im Gegensatz zu einer realistischen politischen Philosophie hat Raymond Geuss formuliert: Geuss, *Kritik der politischen Philosophie*, 2011.

191 Diese drei Punkte als Kerngedanken seiner Gerechtigkeitsidee formuliert Sen in *Values and Justice*.

192 Die primäre Quelle für die allgemeinen Fragen zu Kultur und Identität ist *Die Identitätsfalle*. Mit der Kultur und Politik Indiens beschäftigt sich Sen vor allem in *The Argumentative Indian*. Viele Themen der beiden Bücher überschneiden sich.

193 Als Beispiel für die von ihm kritisierten Kulturtheoretiker gilt ihm Samuel Huntington, *Kampf der Kulturen*, 2002. Sein Beispiel für die Kommunitaristen ist Michael Sandel, *Liberalism and the Limits of Justice*, 1982. In Bezug auf den Mulikulturalismus beschäftigt er sich besonders mit Bhikhu Parekh, *Rethinking Multiculturalism*, 2006, sowie *Identity, Culture and Dialogue*, 2008.

194 Sen orientiert sich hier an dem Begriff des Sozialkapitals, wie Robert Putnam ihn verwendet, um Kooperationsbereitschaft in Gemeinschaften zu bestimmen. Vgl. Putnam, *Making Democracy Work*, 1993.

195 *Die Identitätsfalle*, S. 19.

196 *Die Identitätsfalle*, S. 19-22.

197 Vgl. Bourdieu, *Die feinen Unterschiede*, 1983.

198 *Die Identitätsfalle*, S. 33.

199 Vgl. dazu die Diskussion der Position von Sen durch Qizilbash, *Identity, Community and Justice*, 2009. Dort wird auch das Verhältnis zu den Arbeiten von Parekh diskutiert. Vgl. auch *The Fog of Identity*.

200 *Die Identitätsfalle*, S. 46 f. Vgl. für einen Sammelband mit zentralen Aufsätzen zum Kommunitarismus: Honneth, *Kommunitarismus*, 1993.

201 Vgl. Huntington, *Kampf der Kulturen*, 2002. Huntington hat selbst einen Sammelband mit frühen Diskussionen seiner Position herausgegeben: Huntington (Hg.), *The Clash of Civilizations?*, 1996.

202 *Die Identitätsfalle*, Kap. 4; *Secularism and its Discontents*.

203 *Die Identitätsfalle*, S. 31.

204 Ebd., S. 122-127.

205 Vgl. zu dieser Unterscheidung: Kymlicka, *Politics in the Vernacular*, 2001, und Kymlicka, *Multicultural Odysseys*, 2009.

206 *Die Identitätsfalle*, S. 129.

207 Ebd., Kap. 7. Vgl. dazu auch Stiglitz, *Die Chancen der Globalisierung*, 2008.

208 *Die Identitätsfalle*, S. 139-145. Vgl. dazu Stiglitz, *Die Schatten der Globalisierung*, 2004.

209 *Die Identitätsfalle*, S. 139.

210 Ebd., Kap 9.

211 *Die Idee der Gerechtigkeit*, S. 377-381.

212 *Die Identitätsfalle*, S. 184.

213 John Christman argumentiert in diesem Sinne, dass Sen vernachlässigt, wie stark bestimmte singuläre Identitäten die Persönlichkeit eines

Menschen dominieren und daher nicht mehr frei abgelegt werden können. Vgl. Christman, *The Politics of Persons*, 2009, S. 201-210.

214 Dies macht er in *The Argumentative Indian* an vielen Stellen sehr deutlich.

215 Vgl. *The Argumentative Indian*, S. 3-10, 47; *Die Idee der Gerechtigkeit*, S. 236-242. Vgl. für eine Kritik dieser Darstellung der Ereignisse: Anderson, *Sen and the Bhagavad Gita*, 2012.

216 *The Argumentative Indian*, S. 16-21, 81-83; *Die Identitätsfalle*, S. 63-66; *Die Idee der Globalisierung*, S. 103-108.

217 *The Argumentative Indian*, S. 16-19, 287-291; *Die Identitätsfalle*, S. 76 f., 170 f.; *Die Idee der Globalisierung*, S. 64-67, 330 f.

218 Ebd., S. 365 ff.

219 *The Argumentative Indian*, S. 349.

220 Ebd., Kap. 3.

221 *The Argumentative Indian*, S. 72.

222 Ebd. S. 218. Es verwundert vielleicht, dass »Klasse« und nicht »Kaste« von Sen als zentrale Kategorie der Benachteiligung aufgefasst wird. Dahinter steckt die These, dass sich Kasten in der modernen Welt nur aufgrund von damit verbundenen Klassenunterschieden aufrechterhalten können. Vgl. dazu auch: Nehru, *The Discovery of India*, 2004.

223 *The Argumentative Indian*, Kap. 11. Vgl. auch *India*, Kap. 7.

224 Die Stimme von Sen besitzt in der indischen Öffentlichkeit ein großes Gewicht, größer vielleicht noch als die Stimme von Habermas in Deutschland. Seine Äußerungen zu solchen Themen werden in vielen Zeitungsartikeln verarbeitet und kommentiert.

225 Vgl. Said, *Orientalism*, 1995; *The Argumentative Indian*, S. 141 f.

226 Ebd., Kap. 7.

227 Sen stützt sich hier auf die These von Akeel Bilgrami, dass sich viele Fundamentalisten insofern nicht vom Westen befreien können, als sie sich selbst aktiv im Gegensatz zu und anders als der Westen konstruieren. Vgl. Bilgrami, *What Is a Muslim?*, 1992.

228 *The Argumentative Indian*, S. 160.

229 *India*, Kap. 4.

230 *The Argumentative Indian*, Kap. 8.

231 Ebd., Kap. 18.

232 Ebd., Kap 12.

233 *Die Idee der Gerechtigkeit*, S. 365 ff.; *Ökonomie für den Menschen*, S. 182-186.
234 *Rationality and Freedom*, S. 585.

Literatur

1. Bücher von Amartya Sen

Choice of Technique, Oxford 1960.
Collective Choice and Social Welfare, San Francisco 1970.
On Economic Inequality, Oxford 1973.
Employment, Technology and Development: A Study Prepared for the International Labour Office Within the Framework of the World Employment Programme, New Delhi 1975.
Poverty and Famines. An Essay on Entitlement and Deprivation, Oxford 1981.
Commodities and Capabilities, Amsterdam 1985.
Inequality Re-examined, Cambridge/Mass. 1992.
mit Jean Drèze, *Hunger and Public Action*, Oxford 1989.
mit Jean Drèze, *India: Development and Participation*, Oxford 1996.
Ökonomie für den Menschen: Wege zu Gerechtigkeit und Solidarität in der Marktwirtschaft, München 2002.
The Argumentative Indian, London 2005.
Die Identitätsfalle. Warum es keinen Krieg der Kulturen gibt, München 2007.
Die Idee der Gerechtigkeit, München 2010.

2. Sammelbände mit Aufsätzen von Amartya Sen

Choice, Welfare and Measurement, Oxford 1982.
Resources, Values and Development, Oxford 1984.
Rationality and Freedom, Cambridge/Mass. 2002.

3. Zentrale Aufsätze von Amartya Sen

»A Possibility Theorem on Majority Decisions«, in: *Econometrica* Bd. 34, 1966, S. 491-499.

»Quasi-transitivity, Rational Choice and Collective Decisions«, in: *Review of Economic Studies* 36, 1969, S. 381-393.

»The Impossibility of a Paretian Liberal«, in: *Journal of Political Economy* 78, 1970, S. 152-157.

»Choice Functions and Revealed Preference«, in: *Review of Economic Studies* 38, 1971, S. 307-317.

»Behavior and the Concept of Preference«, in: *Economica* 40, 1973, S. 241-259.

»Poverty: An Ordinal Approach to Measurement«, in: *Econometrica* 44, 1976, S. 219-231.

»On Weights and Measurements: Informal Constraints in Social Welfare Analysis, in: *Econometrica* 45, 1977, S. 1539-1572.

»Social Choice Theory: A Re-examination«, in: *Econometrica* 45, 1977, S. 53-89.

»Rational Fools: A Critique of the Bahavioral Foundations of Economic Theory«, in: *Philosophy and Public Affairs* 6, 1977, S. 317-344.

»Equality of What?«, in: Sterling McMurrin (Hg.), *Tanner Lectures on Human Values*, Cambridge 1980, S. 195-220.

»Plural Utility«, in: *Proceedings of the Aristotelian Society* 81, 1981, S. 193-215.

»Ethical Issues in Income Distribution: National and International«, in: Sven Grassman/Eric Lundberg, *The World Economic Order: Past and Prospects*, London 1981, S. 464-494.

»Rights and Agency«, in: *Philosophy and Public Affairs* 11, 1982, S. 3-39.

»Liberty and Social Choice«, in: *Journal of Philosophy* 80, 1983, S. 5-28.

»Poor, Relatively Speaking«, in: *Oxford Economic Papers* 35, 1983, S. 153-168.

»Well-being, Agency, Freedom: The Dewey Lectures 1984«, in: *Journal of Philosophy* 82 (4), 1985, S. 169-221.

»Rationality, Interest, and Identity«, in: Foxley/McPherson/O'Donnell (Hg.): *Development, Democracy and the Art of Trespassing*, Notre Dame 1986.

»Prediction and Economic Theory«, in: Proceedings of the Royal Society of London, Series A, *Mathematical and Physical Sciences* 407, 1986, S. 3-22.

»Social Choice Theory«, in: *Handbook of Mathematical Economics*, 1986, S. 3-22.

»The Standard of Living«, in: Geoffrey Hawthorn (Hg.), *The Standard of Living. Tanner Lectures in Human Values*, Cambridge 1987, S. 1-38.

»Property and Hunger«, in: *Economics and Philosophy* 4 (1), 1988, S. 57-68.

»Justice: Means versus Freedom«, in: *Philosophy and Public Affairs* 19, 1990, S. 111-121.

»Individual Freedom as a Social Commitment«, in: *New York Review of Books* 37 (10), 1990.

»More Than 100 Million Women Are Missing«, in: *New York Review of Books* 37 (20), 1990.

»Utility«, in: *Economics and Philosophy* 7, 1991, S. 277-283.

»Minimal Liberty«, in: *Economia* 59, 1992, S. 139-159.

»Capability and Well-Being«, in: Martha Nussbaum/Amartya Sen (Hg.), *The Quality of Life*, Oxford 1993, S. 31-53.

»Internal Consistency of Choice«, in: *Econometrica* 61, 1993, S. 495-521.

»Positional Objectivity«, in: *Philosophy and Public Affairs* 22, S. 126-145.

»The Formulation of Rational Choice«, in: *American Economic Review* 8, 1994, S. 385-390.

»Gender Inequality and Theories of Justice«, in: Martha Nussbaum/Jonathan Glover (Hg.), *Women, Culture and Development: A Study of Human Capabilities*, Oxford 1995, S. 259-273.

»Rationality and Social Choice«, in: *American Economic Review* 85, 1995, S. 1-24.

»Secularism and its Discontents«, in: Kaushik Basu/S. Subramahmyam (Hg.), *Unravelling the Nation: Sectarian Conflict and Indian Secular Identity*, London 1996, S. 10-43.

»Maximization and the Act of Choice«, in: *Econometrica* 65, 1997, S. 745-779.

»Autobiography«: http://www.nobelprize.org/nobel_prizes/economics/ laureates/1998/sen.html

»The Possibility of Social Choice«, in: *The American Economic Review* 89/3, 1999, S. 349-378 (ursprünglich seine Rede zum Nobelpreis).

»Merit and Justice«, in: Kenneth Arrow/Samuel Bowles/Steven Durlauf (Hg.), *Meritocracy and Economic Inequality*, Princeton/NJ 2000.

»Reply to Anderson, Pettit, and Scanlon«, in: *Economics & Philosophy* 17, 2001, S. 51-66.

»Open and Closed Impartiality«, in: *Journal of Philosophy* 99, 2002, S. 445-469.

»Elements of a Theory of Human Rights«, in: *Philosophy and Public Affairs* 32 (4), 2004, S. 315-356.

»Capabilities, Lists and Public Reason: Continuing the Conversation«, in: *Feminist Economics* 10 (3), 2004, S. 77-80.

»Human Rights and Capabilities«, in: *Journal of Human Development* 6 (2), 2005, S. 151-166.

»What Do We Want From a Theory of Justice?«, in: *Journal of Philosophy* 103, 2006, S. 215-238.

»The Fog of Identity«, in: *Politics, Philosophy & Economics* 8 (3), 2009, S. 285-288.

»The place of capability in a theory of justice«, in: Harry Brighthouse/ Ingrid Robeyns, *Measuring Justice: Primary Goods and Capabilities*, Cambridge 2010, S. 239-253.

»Uses and Abuses of Adam Smith«, in: *History of Political Economy* 43, 2011, S. 257-271.

»Values and Justice«, in: *Journal of Economic Methodology* 19 (2), 2012, S. 101-108.

»The Global Reach of Human Rights«, in: *Journal of Applied Philosophy* 29 (2), 2012, S. 91-100.

4. Sammelbände, (mit-)herausgegeben von Amartya Sen

Amartya Sen/Bernard Williams, *Utilitarianism and Beyond*, Cambridge 1982.

Jean Drèze/Amartya Sen, *The Political Economy of Hunger*, Oxford 1990/91.

Martha Nussbaum/Amartya Sen, *The Quality of Life*, Oxford 1993.

Sudhir Anand/Amartya Sen, *Human Development Index: Methodology and Measurement*, New York 1994.

Joseph K. Arrow/Amartya Sen/Kotaro Suzumura, *Handbook of Social Choice and Welfare* Volume 1, Amsterdam 2002.

Sudhir Anand/Fabienne Peter/Amartya Sen, *Public Health, Ethics, and Equity* , Oxford 2004.

Joseph K. Arrow/Amartya Sen/Kotaro Suzumura, *Handbook of Social Choice and Welfare*, Volume 2, Oxford 2005.

Amartya Sen, *Peace and Democratic Society*, Cambridge 2011.

5. Wichtige Literatur zu Amartya Sen und zum Fähigkeitenansatz

Sabina Alkire, *Valuing Freedoms: Sen's Capability Approach and Poverty Reduction*, New York 2002.

Sabina Alkire, »Why the Capability Approach?«, in: *Journal of Human Development* 6, 2005, S. 115-133.

Sabina Alkire, »Concepts and Measures of Agency«, in: Kaushik Basu/ Kanbur Ravi (Hg.), *Arguments for a better World: Essays in Honor of Amartya Sen*, Oxford 2009, S. 455-474.

Sabina Alkire, »A Misconceived Theory Can Kill«, in: Dies. (Hg.), *Amartya Sen: Contemporary Philosophy in Focus*, Cambridge 2010, S. 191-219.

Elizabeth Anderson, »What is the Point of Equality?«, in: *Ethics* 109 (2), 1999, S. 287-337.

Elisabeth Anderson, »Justifying the capabilities approach to justice«, in: Harry Brighthouse/Ingrid Robeyns, *Measuring Justice: Primary Goods and Capabilities*, Cambridge 2010, S. 81-100.

Joshua Anderson, »Sen and the Bhagavad Gita: Lessons for a Theory of Justice«, in: *Asian Philosophy* 22 (1), 2012, S. 63-74.

Kaushik Basu, »Achievements, Capabilities, and the Concept of Wellbeing«, in: *Social Choice and Welfare* 4, 1987, S. 69-76.

Kaushik Basu/L. López-Calva, »Functionings and Capabilities«, in: Kenneth Arrow/Amartya Sen/Kotaro Suzumura (Hg.), *Handbook of Social Choice and Welfare*, Vol. 2, Oxford 2005, S. 153-186.

Kaushik Basu/Kanbur Ravi (Hg.), *Arguments for a Better World: Essays in Honor of Amartya Sen*, Oxford 2009.

Harry Brighthouse/Ingrid Robeyns, *Measuring Justice: Primary Goods and Capabilities*, Cambridge 2010.

Ian Carter, »The Concept of Freedom in the Work of Amartya Sen«, in: *Politea* 12 (43-44), 1996, S. 7-29.

Gerald A. Cohen, »Amartya Sen's Unequal World«, in: *New Left Review* 203, 1994, S. 117-129.

David A. Crocker, »Sen and Deliberative Democracy«, in: Alexander Kaufman (Hg.), *Capabilities Equality: Basic Issues and Problems*, New York 2006.

David A. Crocker, »Deliberative Participation in Local Development«, in: *Journal of Human Development* 8 (3), 2007, S. 431-455.

David A. Crocker, *Ethics of Global Development: Agency, Capability, and Deliberative Democracy*, Cambridge 2008.

Hartley Dean, »Critiquing capabilities: The distractions of a beguiling concept«, in: *Critical Social Policy* 29 (2), 2009, S. 261-278.

Shatakshee Dhongde/Prasanta K. Pattanaik, »Preference, Choice, and Rationality: Amartya Sen's Critique of the Theory of Rational Choice«, in: Christopher W. Morris (Hg.), *Amartya Sen: Contemporary Philosophy in Focus*, Cambridge 2010, S. 13-39.

Marc Fleurbaey, »Development, Capabilities and Freedom«, in: *Studies in Comparative International Development* 37, 2002, S. 71-77.

Wulf Gaertner, »Amartya Sen«, in: Heinz D. Kurz (Hg.), *Klassiker des ökonomischen Denkens 2*, München 2009, S. 354-374.

Daniel M. Hausman, »Sympathy, Commitment, and Preference«, in: *Economics & Philosophy* 21, 2005, S. 33-50.

Alexander Kaufman, »Capabilities and Freedom«, in: *Journal of Political Philosophy* 14, 2006, S. 289-300.

Alexander Kaufman (Hg.), *Capabilities Equality: Basic Issues and Problems*, New York 2006.

Christian List, »The Impossibility of a Paretian Republican? Some Comments on Pettit and Sen«, in: *Economics and Philosophy* 20, 2004, S. 1-23.

Nuno Ornales Martins, »Sen, Sraffa and the Revival of Classical Political Economy«, in: *Journal of Economic Methodology* 19 (2), 2012, S. 143-157.

Christopher W. Morris (Hg.), *Amartya Sen: Contemporary Philosophy in Focus*, Cambridge 2010.

Christopher W. Morris, »Ethics and Economics«, in: Ders. (Hg.), *Amartya Sen: Contemporary Philosophy in Focus*, Cambridge 2010, S. 40-59.

Nobel Committee, »Statement of the Award of the 1998 Nobel Memorial Prize in Economics«, Press Release: http://www.nobelprize.org/nobel_prizes/economics/laureates/1998/advanced-economicsciences1998.pdf

Martha C. Nussbaum, *Women and Human Development: The Capabilities Approach*, Oxford 2000.

Martha C. Nussbaum, »Capabilities as Fundamental Entitlements: Sen and Social Justice«, in: *Feminist Economics* 9 (2/3), 2003, S. 33-59.

Martha C. Nussbaum, *Creating Capabilities. The Human Development Approach*, Cambridge/Mass. 2012.

Ingrid Oosterlaken, »Is Pogge a Capability Theorist in Disguise?«, in: *Ethical Theory and Moral Practice* 16/1, 2013, S. 205-215.

Mark S. Peacock, »Sen's Apples: Commitment, Agent Relativity, and Social Norms«, in: *Rationality, Markets and Morals* 2, 2011, S. 35-47.

Philip Pettit, »Capabilities and Freedom: A Defense of Sen«, in: *Economics & Philosophy* 17, 2001, S. 1-20.

Philip Pettit, »Construing Sen on Commitment«, in: *Economics & Philosophy* 21, 2005, S. 15-32.

Philip Pettit, »Freedom in the Spirit of Sen«, in: Christopher W. Morris (Hg.), *Amartya Sen: Contemporary Philosophy in Focus*, Cambridge 2010, S. 91-114.

Rolans Pierik/Ingrid Robeyns, »Resources Versus Capabilities: Social Endowments in Egalitarian Theory«, in: *Political Studies* 55 (1), 2007, S. 133-152.

Thomas Pogge, »Can the Capabilities Approach be Justified?«, in: *Philosophical Topics* 30 (2), 2002, S. 167-228.

Thomas Pogge, »A critique of the capability approach«, in: Harry Brighthouse/Ingrid Robeyns, *Measuring Justice: Primary Goods and Capabilities*, Cambridge 2010, S. 17-60.

Mozaffar Qizilbash, »Identity, Community, and Justice: Locating Amartya Sen's Work on Identity«, in: *Politics, Philosophy & Economics* 8 (3), 2009, S. 251-266.

Evan Riley, »Against Sen Against Rawls On Justice«, in: *Indian Journal of Human Development* 5 (1), 2011, S. 211-221.

Ingrid Robeyns, »Sen's Capability Approach and Gender Inequality: Selecting Relevant Capabilities«, in: *Feminist Economics* 9 (2/3), 2003, S. 61-92.

Ingrid Robeyns, »The Capability Approach: A Theoretical Survey«, in: *Journal of Human Development* 6 (1), 2005, S. 93-114.

Ingrid Robeyns, »The Capability Approach in Practice«, in: *Journal of Political Philosophy* 14 (3), 2006, S. 351-376.

Steven Scalet/David Schmidtz, »Famine, Poverty, and Property Rights«, in: Christopher W. Morris (Hg.), *Amartya Sen: Contemporary Philosophy in Focus*, Cambridge 2010, S. 170-190.

Erik Schokkaert, »Capabilities and Satisfaction with Life«, in: *Journal of Human Development* 8 (3), 2007, S. 415-430.

Robert Sugden, »Welfare, Resources, and Capabilities: A Review of Inequality Reexamined by Amartya Sen«, in: *Journal of Economic Literature* 31, 1993, S. 1947-1962.

Peter Vallentyne, »Equality, Efficiency, and Priority of the Worst Off«, in: *Economics and Philosophy* 16, 2000, S. 1-19.

Peter Vallentyne, »Debate: Capabilities versus Opportunities for Wellbeing«, in: *Journal of Political Philosophy* 13, 2005, S. 359-371.

Peter Vallentyne, »Sen on Suffency, Priority, and Equality«, in: Christopher W. Morris (Hg.), *Amartya Sen: Contemporary Philosophy in Focus*, Cambridge 2010, S. 138-169.

Vivian Walsh, »Smith after Sen«, in: *Review of Political Economy* 12 (1), 2000, S. 5-25.

Vivian Walsh, »Sen after Putnam«, in: *Review of Political Economy* 15 (3), 2003, S. 315-394.

Andrew Williams, »Dworkin on Capability«, in: Ethics 113, 2002, S. 23-39.

Bernard Williams, »Interests and Capabilities«, in: Geoffrey Hawthorn (Hg.), *The Standard of Living. Tanner Lectures in Human Values*, Cambridge 1987, S. 94-102.

6. Weitere zitierte Literatur

Gregory S. Alexander/Eduardo M. Penalver, *An Introduction to Property Theory*, New York 2012.

Kenneth J. Arrow, *Social Choice and Individual Values*, New York 1951.

Michael Assländer, *Adam Smith zur Einführung*, 2007.

Charles Beitz, *The Idea of Human Rights*, Oxford 2011.

Akeel Bilgrami, »What Is a Muslim?« in: *Critical Inquiry* 18 (4), 1992, S. 821-842.

Pierre Bourdieu, *Die feinen Unterschiede. Kritik der gesellschaftlichen Urteilskraft*, Frankfurt/M. 1982.

Edward Cartwright, *Behavioral Economics*, New York 2011.

Volker Caspari/Bertram Schefold (Hg.), *Wohin steuert die ökonomische Wissenschaft? Ein Methodenstreit in der Volkswirtschaftslehre*, Frankfurt/M. 2011.

John Christman, *The Politics of Persons: Individual Autonomy and Socio-historical Selves*, Cambridge 2009.

Gerald A. Cohen, »Equality of What? On Welfare, Goods and Capabilities«, in: Martha Nussbaum/Amartya Sen (Hg.), *The Quality of Life*, Oxford 1993, S. XY.

Gerald A. Cohen, *Rescuing Justice and Equality*, Cambridge/Mass. 2008.

Colin Crouch, *Postdemokratie*, Frankfurt/M. 2008.

Stephan Darwall (Hg.), *Consequentialism*, Oxford 2002.

Jon Elster, *Sour Grapes: Studies in the Subversion of Rationality*, Cambridge 1985.

Robert H. Frank, *Microeconomics and Behavior*, 5th ed., New York 2003.

Bruno Frey, *Happiness: A Revolution in Economics*, Cambridge/Mass. 2010.

Wulf Gaertner, *A Primer in Social Choice Theory*, Oxford 2006.

Raymond Geuss, *Kritik der politischen Philosophie: Eine Streitschrift*, Hamburg 2011.

Pablo Gilabert, »Comparative Assessments of Justice, Political Feasibility, and Ideal Theory«, in: *Ethical Theory and Moral Practice* 15 (1), 212, S. 39-56.

Jonathan Glover, *Humanity. A Moral History of the 20th Century*, New Haven 2012.

Daniel M. Hausman/M. S. McPherson, *Economic Analysis, Moral Philosophy, and Public Policy*, 2nd ed., Cambridge 2006.

John R. Hicks, *Value and Capital*, Oxford 1939.

John R. Hicks, *A Revision of Demand Theory*, Oxford 1956.

Axel Honneth, *Kommunitarismus: Eine Debatte über die moralischen Grundlagen moderner Gesellschaften*, Frankfurt/M. 1993.

Samuel Huntington, *Kampf der Kulturen: Die Neugestaltung der Weltpolitik im 21. Jahrhundert*, München 2002.

Samuel Huntington (Hg.), *The Clash of Civilizations?: The Debate*, New York 1996.

Tim Jackson, *Wohlstand ohne Wachstum: Leben und Wirtschaften in einer endlichen Welt*, München 2011.

Guy Kirsch, *Neue Politische Ökonomie*, Stuttgart 2004.

Will Kymlicka, *Politische Philosophie heute*, Frankfurt/M. 1997.

Will Kymlicka, *Politics in the Vernacular: Nationalism, Multiculturalism, and Citizenship*, Oxford 2001.

Will Kymlicka, *Multicultural Odysseys: Navigating the New International Politics of Diversity*, Oxford 2009.

Thomas Meyer, *Mediokratie. Die Kolonisierung der Politik durch die Medien*, Frankfurt/M. 2001.

Heiner Michel, *Warum Gleichheit? Eine Kritik des liberalen Egalitarismus*, Frankfurt/M. 2011.

Dennis C. Mueller, *Public Choice III*, Cambridge 2003.

Thomas Nagel, »The Problem of Global Justice«, in: *Philosophy and Public Affairs* 33 (2), 2005, S. 113-147.

Jawaharlal Nehru, *The Discovery of India*, London 2004.

Robert Nozick, *Anarchy, State and Utopia*, Oxford 1974.

Martha C. Nussbaum, *Frontiers of Justice: Disability, Nationality, Species Membership*, Cambridge/Mass. 2006.

Martha C. Nussbaum, »Menschenwürde und politische Ansprüche«, in: *Zeitschrift für Menschenrechte* 1/2010, S. 80-97.

Nico Paech, *Befreiung vom Überfluss: Auf dem Weg in die Postwachstumsökonomie*, München 2012.

Bhikhu Parekh, *Rethinking Multiculturalism: Cultural Diversity and Political Theory*, Basingstoke 2006.

Bhikhu Parekh, *Identity, Culture and Dialogue: Political Principles for an Interdependent World*, Basingstoke 2008.

Derek Parfit, »Equality and Priority«, in: *Ratio* 10 (3), 1997, S. 202-221.

Philip Pettit, *Republicanism: A Theory of Freedom and Government*, Oxford 1997.

Philip Pettit, »Free Persons and Free Choices«, in: *History of Political Thought* 28, 2007, S. 709-718.

Philip Pettit, »Varieties of Public Representation«, in: Ian Shapiro u.a. (Hg.), *Political Representation*, Cambridge 2009, S. 61-89.

Douglas W. Portmore, *Commonsense Consequentialism: Wherein Morality Meets Rationality*, Oxford 2011.

Robert Putnam, *Making Democracy Work. Civic Traditions in Modern Italy*, Princeton/NJ 1993.

Hilary Putnam, *The Collapse of the Fact/Value Dichotomy*, Cambridge/Mass. 2002.

John Rawls, *Eine Theorie der Gerechtigkeit*, Frankfurt/M. 1979.

John Rawls, *Politischer Liberalismus*, Frankfurt/M. 1993.

John Rawls, *Das Recht der Völker*, Berlin 2002.

John Rawls, *Gerechtigkeit als Fairness*, Frankfurt/M. 2006.

Lionel Robbins, *An Essay in the Nature and Significance of Economic Science*, 2nd ed., London 1935.

Alexander Rosenberg, *Philosophy of Social Science*, 4th ed., Boulder 2012.

Emma Rothschild, *Economic Sentiments: Adam Smith, Condorcet, and the Enlightenment*, Cambridge/Mass. 2002.

Edward Said, *Orientalism: Western Conceptions of the Orient*, London 1995.

Paul A. Samuelson, »A Note on the Pure Theory of Consumers' Behaviour«, in: *Economica* 5, 1938, S. 61-71.

Paul A. Samuelson, *Foundations of Economic Analysis*, Cambridge/Mass. 1947 (auf deutsch als: *Volkswirtschaftslehre: Das internationale Standardwerk der Makro- und Mikroökonomie*, (Ort) 2010.

Michael Sandel, *Liberalism and the Limits of Justice*, Cambridge 1982.

Michael Sandel, *Gerechtigkeit: Wie wir das Richtige tun*, Berlin 2013.

Thomas Scanlon, *What We Owe to Each Other*, Cambridge/Mass. 1998.

Tomas Sedlacek, *Die Ökonomie von Gut und Böse*, München 2012.

Adam Smith, *Theorie der ethischen Gefühle*, Hamburg 2010.

Adam Smith, *Der Wohlstand der Nationen*, München 1978.

Joseph E. Stiglitz, *Die Schatten der Globalisierung*, München 2004.

Joseph E. Stiglitz, *Die Chancen der Globalisierung*, München 2008.

Joseph E. Stiglitz/Amartya Sen/Jean-Paul Fitoussi, *Mismeasuring Our Lives: Why GDP Doesn't Add Up*, New York 2010.

Robert Sugden, »The Metric of Opportunity«, in: *Economics and Philosophy* 14, 1998, S. 307-337.

Kok-Chor Tan, *Justice, Institutions, and Luck: The Site, Ground, and Scope of Equality*, Oxford 2012.

Larry Temkin, *Inequality*, Oxford 1993.

John von Neumann/Oskar Morgenstern, *Spieltheorie und wirtschaftliches Verhalten*, Heidelberg 1961.

Vivian Walsh, »Normative and Positive Classical Economics«, in Heinz-Dieter Kurtz/Neri Salvadori (Hg.), *The Elgar Companion to Classical Economics*, Vol. 2, Cheltenham 1998, S. 188-194.

Harald Wiese, *Mikroökonomik*, Heidelberg 2005.

Jonathan Wolff/Avner de-Shalit, *Disadvantage*, Oxford 2007.

Zeittafel

1933	Am 3. November wird Amartya Sen in Santiniketan im Nordosten Indiens nahe der heutigen Grenze zu Bangladesch geboren.
1953	Sen erwirbt einen B.A. in Ökonomie und Mathematik am Presidency College in Kalkutta.
1955	Es folgt ein zweiter B.A. in Ökonomie am Trinity College in Cambridge.
1956-1958	Professor für Ökonomie an der Jadavpur Universität in Kalkutta.
1957-1963	Fellow am Trinity College in Cambridge
1959	Sen promoviert mit der Arbeit *Choice of Techniques* am Trinity College in Cambridge.
1959	Sen heiratet die Dichterin und Schriftstellerin Nabaneeta Dev Sen (*1938); aus der Ehe gehen der Sohn Antara und die Tochter Nandana hervor.
1963-1971	Professor für Ökonomie an der Delhi School of Economics der Universität Delhi
1971	Scheidung von Nabaneeta Dev Sen
1971-1977	Professor für Ökonomie an der London School of Economics
1973	Sen heiratet Eva Colorni (1941-1985), die Tochter des 1945 ermordeten Antifaschisten Eugenio Colorni; aus der Ehe gehen die Tochter Indrani und der Sohn Kabir hervor.
1977-1980	Professor für Ökonomie an der Oxford University und Fellow am Nuffield College
1980-1988	Drummond Professor für Politische Ökonomie an der Oxford University und Fellow am All Souls College
1985	Eva Colorni stirbt im Alter von 44 Jahren an Krebs.
seit 1987	Thomas W. Lamont Universitätsprofessor sowie Professor für Ökonomie und Philosophie an der Harvard University
1988-2003	Master am Trinity College in Cambridge
seit 1989	Senior Fellow der Harvard Society of Fellows

1990	Sen erhält den Agnelli-Preis der Giovanni Agnelli Stiftung.
1991	Sen heiratet die Wirtschaftshistorikerin Emma Rothschild (*1948), Mitglied der berühmten Bankiersfamilie Rothschild.
1998	Sen erhält den Wirtschaftsnobelpreis.
2000	Sen erhält den Leontief-Preis, den Order of the Companions of Honour und die Eisenhower-Medaille.
2007	Sen erhält den Meister Eckhart Preis.
2011	Sen erhält die National Humanities Medal.
2013	Sen wird Kommandeur der französischen Ehrenlegion.

Personenregister